你
低調

林庭峰，趙華夏 編著

一時出風頭又如何？
鋒芒畢露只會讓對手更快摸清底細
惦惦吃三碗公才是求生之道！

你看不見我、你看不見我……
在夾縫中求生存，當個小透明有什麼不好！

吹噓來的成就讓人瞧不起，默默耕耘才能贏得他人尊敬。
做人，就應該做一隻「人生賽道上的黑馬」，
以讓競爭者措手不及的勝利姿態，低調彰顯自己的能力與價值！

目錄

目錄

第二章　既然都看重面子，那就給人面子吧

目錄

目錄

目錄

前言

有一次參加高中同學聚會，席間有位闊別二十多年的同學，一副志得意滿的樣子，話語中凡涉及業務數目，所用的單位大都是億，偶爾說到千萬級別的生意，也是面露不屑地說：「一個幾千萬的小單子而已。」又說各個政府單位的高層他都認識，而且關係特別好，有事他打一個電話就可以搞定。然後又對著每個人發名片，名頭自然很是顯赫。結果，整場聚會下來，就是這個同學包打包唱。當然，最後這個「顯赫」的同學非常大方地為聚會買了單。

按理說，這麼有「門路」又肯「幫忙」，而且「健談」與「大方」的同學，應該受到大家的喜歡才對。但是，這次聚會後的數次高中同學聚會，我再也沒有見過他。先是聚會發起者不願邀請他，後來，輾轉聽到他遭到同行算計而生意失利、遠走他鄉躲債的消息。

類似的場景，相信我們大家都不陌生。經常會看到身邊的一些人，有八分的才能，偏要十分地表現出來。生怕別人不知道，還要十二分地說出來。這些人往往有著充沛的

前言

精力、很高的熱情以及一定的能力。他們說起話來咄咄逼人，做起事來不留餘地。卻不料，這樣的處世之道是自設牢籠、作繭自縛。

做人，還是低調些好。「木秀於林，風必摧之；堆出於岸，流必湍之；行高於人，眾必非之。」一個人不管取得了多大的成功，不管名有多顯、位有多高、錢有多豐，面對紛繁複雜的社會，都應該出於本性和真誠自自然然地低調做人。這樣，自己活著不覺得辛苦，別人看著也不覺得反感。

值得指出的是，「低調」並非我們人生永恆不變的旋律。低調是厚積，高調是薄發。處處謙虛、謹慎，努力夾起尾巴做人，有時也會給自己貼上「庸人」的標籤，讓你失去很多獲得更高成就的機會。該出手時就出手，風風火火闖天下！現代社會是一個快節奏、多能人的社會，機會轉瞬即逝，你要適時亮相、「高調」地展現自己的能力，才能將自己推銷出去。

所以，低調的原則在做人方面更適用，如果在事業上太低調，就會埋沒了自己的才華與智慧。經常聽到有人發牢騷，稱自己「生不逢時」、「妄有才能，卻沒有施展的舞臺」。不知道這些人在抱怨環境的同時，是否認真審視了自我——縱使真是一匹千里馬，是否又向伯樂展示了自己的優勢了呢？

人生如歌，要低調也要高調。高低起伏有序，方可組成一個和諧、完美的樂章。

編者

上篇　為人處世贏在低調

地低成海，人低成王。——古諺

才高而不自詡，位高而不自傲。——俗諺

鷹立如睡，虎行似病。——《菜根譚》

路徑窄處，留一步與人行；滋味濃的，減三分讓人嘗。——《菜根譚》

退一步海闊天空，忍一時風平浪靜。——俗諺

《曾國藩家書．致九弟——宜自修處求強》：

沅弟左右：

接弟信，具悉一切。弟謂命運做主，余所深信，謂自強者，每勝一籌，則余不甚深信。凡國之強，必須多得賢臣；凡家之強，必須多出賢子弟，此亦關乎天命，不盡由於人謀。至一身之強，則不外乎北宮黝、孟施捨、曾子三種，孟子之集議而慊，即曾子之自反而縮也。

惟曾子與孔子告仲田之強，略為可久可常，此外鬥智鬥力之強，則有因強而大興，亦有因強而大敗。古來如李斯曹操董卓楊素，其智力皆橫絕一世，而其禍敗亦迥異尋常，近世如陸何蕭陳皆予知自雄，而俱不保其終；故吾輩在自修處求強則可，在勝人處求強則不可。若專在勝人處求強，其能強到底與否，尚未可知，即使終身強橫安穩，亦君子所不屑道也。

賊匪此次東竄，東軍小勝二次，大勝一次，劉潘大勝一次，小勝數次，似已大受懲創，不似上半年之猖獗。但求不竄陝洛，即竄鄂境，或可收夾擊之效。

余定於明日請續假一月，十月請開各缺，仍留軍營麋量本戳，會辦中路剿匪事宜而已。

同治五年九月十二日

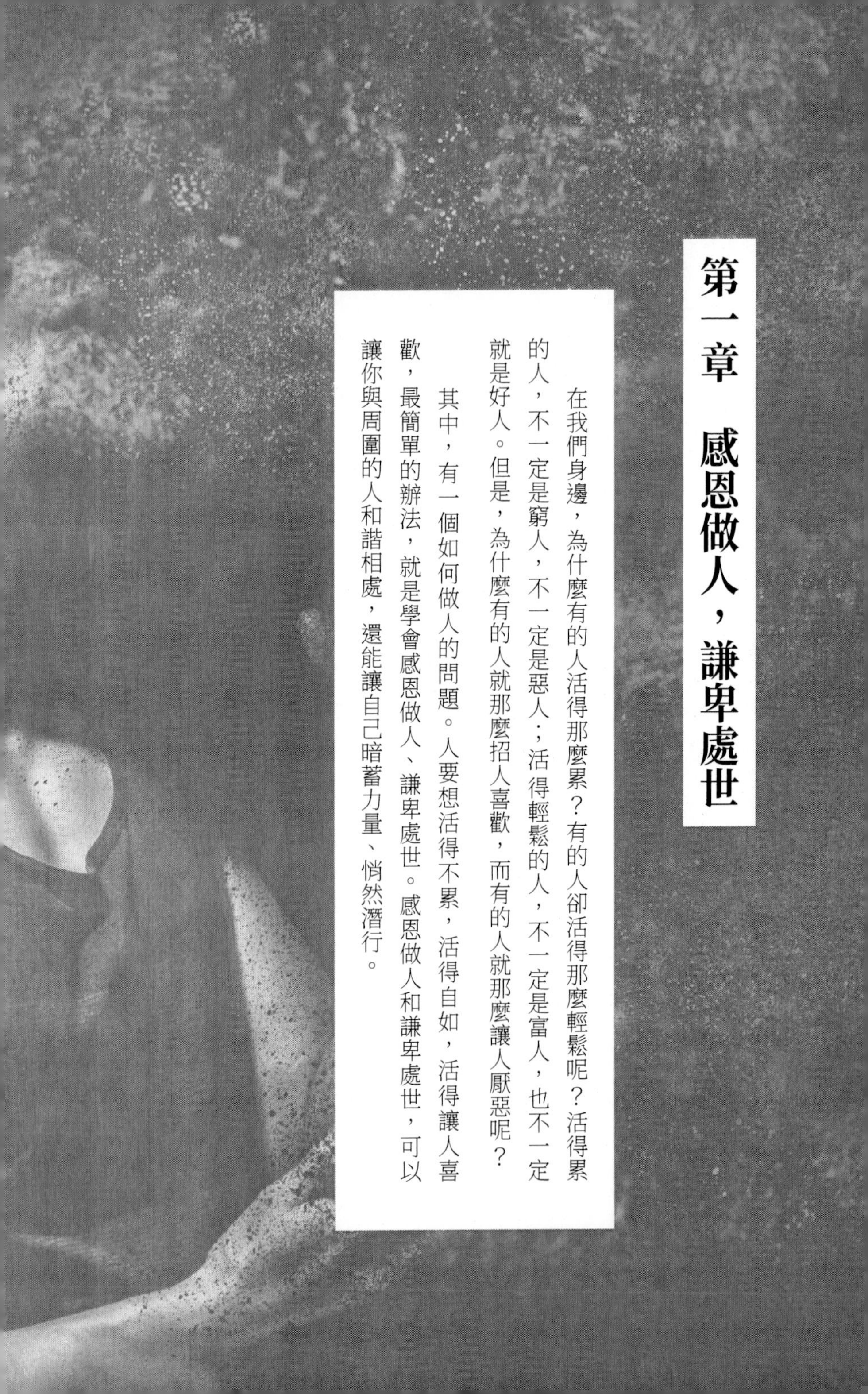

第一章　感恩做人，謙卑處世

在我們身邊，為什麼有的人活得那麼累？有的人卻活得那麼輕鬆呢？活得累的人，不一定是窮人，不一定是惡人；活得輕鬆的人，不一定是富人，也不一定就是好人。但是，為什麼有的人就那麼招人喜歡，而有的人就那麼讓人厭惡呢？

其中，有一個如何做人的問題。人要想活得不累，活得自如，活得讓人喜歡，最簡單的辦法，就是學會感恩做人、謙卑處世。感恩做人和謙卑處世，可以讓你與周圍的人和諧相處，還能讓自己暗蓄力量、悄然潛行。

感恩在內，謙卑於外

物欲熾熱、人心浮躁，似乎不少人已經淡忘了「感恩」二字。大家都喜歡伸出雙手說：「給我，給我！」卻不願說：「拿去，拿去！」那些要了還想要、總是不滿足的人，怎麼知道感恩呢？

在大山的深處，有一對相愛的年輕戀人。女孩家境較好，男子是鄰村十多里外的一個孤兒，家中一貧如洗。兩人的戀情被女孩的家長得知後，女孩的母親找到了男子的家，搬張板凳在他的家門口罵了三天三夜，誰也無法勸阻。鄉下婦女的嘴巴，自然是什麼髒話醜話都講得出口的。有道是「貧賤夫妻百事哀」，其實貧賤的戀人又何嘗有好日子過？就算你們甘於過貧賤而又平靜的日子，都有人讓你們不得安寧。

男子無奈，只得走出深山，外出求發展。出門在外的艱辛自不必多提，多年以後，男子擁有了一家工廠。他一直單身，單身的原因不是經濟問題，而是心裡總是放不下昔日的戀人。剛出門的頭幾年，因為日子一直過得窘迫，不好意思回鄉，也覺得沒臉聯繫昔日的女友。後來慢慢地發達了，又因為時間的久遠而心生猶豫——她嫁了嗎？一定嫁人了吧？鄉下的女人快到三十歲若還沒嫁出去，滿天流言會如刀子一樣往她身上戳。

而如果嫁了的話，我再聯繫她，豈不是擾亂她平靜的生活？

男子這時已經年屆三十了，想的事自然會長遠些，做的事自然也會穩重些。應該理解他的謹慎與猶豫，這是一個理性男人正常的反應。於是，在猶豫之中，時間又過去了幾年。伴隨而來的是——男子的事業也做大了不少。工廠從小到大，資產上了百萬。

三十多歲的男人，終於在事業完全步入正軌後，冷靜地理清了自己的感情。他決定回一次家，給盤踞在自己心頭十多年的感情一個交代。

於是，在大山中的鄉村小道上，男人駕駛一輛福斯回到了家鄉。剛到女孩家時，男人還沒有停車就看到了女孩的身影。女孩還是那個女孩，沒有嫁；男人還是那個男人，沒有娶。後來的情節的發展自然是皆大歡喜。值得一提的是，女孩的母親對女婿一再賠不是，男人卻說：「不，我理解您當時的心情，誰不希望自己的孩子找一個好的人家呢？同時，我要感謝您，是您讓我有了今天，也是您為我生養了您的女兒——我摯愛的妻子。」是啊，沒有岳母，他哪會走出大山？即使走出了大山，哪會有那股子衝勁和闖勁？最重要的是，沒有岳母，哪裡有妻子？

說完之後，男人轉身對妻子說：「還有，我要感謝妳，感謝妳在我一貧如洗時看上我，是妳的愛給了我莫大的勇氣與毅力。」

感恩在內，謙卑於外

這是一個略帶憂傷的喜劇。類似的劇情在我們生活中其實經常上演，只是有的演成了喜劇，有的演成了悲劇。其中的細微差別往往是——是否有一顆感恩的心。

一個有感恩之心的人，看待問題不會偏激，想事情不會光顧自己。這樣的人，謙卑平和而又優雅。

唯有感恩在內，方能謙卑於外。而感恩並非拘泥於感激別人的恩惠，發自內心的感恩，包括：

感謝愛我的人，因為他給了幸福；
感謝幫助我的人，因為他給了我溫暖；
感謝傷害我的人，因為他磨練了我的心志；
感謝欺騙我的人，因為他增加了我的見識；
感謝遺棄我的人，因為他教導了我應自立；
感謝絆倒我的人，因為他強健了我的雙腿；
感謝斥責我的人，因為他指出了我的缺點；
感謝藐視我的人，因為他喚醒了我的自尊；
感謝我的敵人，讓我認識自己和看清別人；
感謝傷痛，讓我學會了堅忍重建了幸福觀；

感謝生活所給予我的一切，雖然給我的不全都是幸福和美滿！

感恩即是靈魂上的健康。心存感恩，生活中就會少些怨氣和煩惱；心存感恩，心靈就會獲得寧靜和安詳。心存感恩地生活，就會敬畏地球上所有的生命，珍愛大自然一切的恩賜，時時感受生活中眾多的「擁有」，而不是缺少。

從感恩出發，從謙卑做起

富貴如浮雲，有，不要太高興；沒，也不要失望。明天，可能一切都會改變。

有一個財大氣粗的建築業大老闆看見一個工人在清潔門窗，就走過去說：「好好做！想當年我也當過清潔工。」那個工人笑笑：「您也好好做！想當年我也是個大老闆。」

人生總得幾個浮沉，春風得意時要感恩與謙卑，被打倒趴在地上，也要學會不怨不怒。即使有天再被捧上寶座，依然戰戰兢兢。

美國哈佛大學人際學教授約翰．杜威曾說：「人類本質中最殷切的需求是渴望被肯定。」兩個人初次見面，放低姿態，及時表達謝意，說話辦事的時候謙虛、謹慎、低調，處在下風的位置，這樣自然能夠樂於被對方接受，獲得滿意的結果。

對他人的幫助要知道感恩道謝。那些認為理所應當，不善於及時表達謝意，甚至驕傲自大，趾高氣揚，不把別人放在眼裡，沒人喜歡與這樣的人打交道。抱著這種態度與人交往，必然四處碰壁，讓自己的人際關係一團糟，你的工作、事業，甚至愛情，都會大打折扣。

事實上，善於表達謝意，以感恩、謙卑的姿態面對身邊的人和事，是一種積極的人生態度。美國著名作家羅曼．W．皮爾是「積極成像」觀點的主要宣導者，他提出的「態度決定一切」，已經成為表達積極思維力量的一句口頭禪，傳遍了全世界。

成功學家安東尼曾說過這樣的一句話：「人要獲得成功，第一步就是先要存有一顆感恩的心，感激之心。」是的，會感恩的人才會贏得別人尊重、愛護與幫助。一個人也只有學會感恩，才算是學會了做人。否則，一個人要是不知好歹，甚至把人家的好心當做壞心眼，你怎麼指望他會以愛心、以負責任的態度去面對父母、家庭、同學、同事、朋友、公司和社會呢？

從感恩出發，從謙卑做起，學會隨時表達感激，是每個人應該掌握的一種處世智慧。

感恩也是對愛的一種表達，感恩之中蘊藏著一份做人的謙虛和真誠，一種對他人的感謝與尊重。

感恩是雙贏的策略

有一句感人肺腑的話：「有愛就有感動，感動是一種責任！」對我們每個人而言，感恩是一種愛，是一種對愛的追求、對善的堅守；感恩也是一種對生命的尊重、對責任的執著。

袁靜畢業於某名牌大學，就職於國內一所知名航空公司。與她相處過的同事都對她的微笑、善良和勤勞留有深刻的印象，幾乎每一個和她相處過的人都成了她的朋友。有人不解，問袁靜有什麼與人相處的祕訣。

袁靜微笑著說：「一切應該歸功於我的父親。在我很小的時候他就教導我，對周圍任何人的給予，都應該抱有感恩的心態，而且要永遠銘記，要使自己盡快忘記那些不快。我幸運地獲得了這份工作，有很多友善的同事，雖然上司對我的要求很嚴格，但在生活方面對我很照顧。所有的這一切，我都銘記在心，對他們心存感激。我一直帶著這種感激的態度去工作，很快我就發現，一切都美好起來，一些微不足道的不快也很快過去。我總是工作得很開心，大家也都很樂意幫助我。」

的確，在任何公司裡，所有的同事都更願意幫助那些知恩圖報的人，老闆也更願意提拔那些一直對公司抱有感恩心態的員工，因為這些員工更容易相處，對工作更富有熱情，對公司更忠誠。

愛默生說：「人生最美麗的補償之一，就是人們在真誠地幫助別人之後，也幫助了自己。」所以，應該伸出你的手去幫助別人，而不是伸出腳去試圖絆倒他們。感恩是一種積極的心態，更是一種向上的力量。當你以一種知恩圖報的心情去工作時，你會工作得更愉快，更有效率！

軍夏是美國奧美廣告公司的一名設計師，有一次被公司總部安排前往德國工作。與美國輕鬆、自由的工作氛圍相比，德國的工作環境顯得緊張、嚴肅並有緊迫感，這讓軍夏很不適應。

軍夏向上司抱怨：「這邊簡直糟透了，我就像一條放在死海裡的魚，連呼吸都很困難！」上司是一位在德國工作多年的美國人，他完全能理解軍夏的感受。

「我教你一個簡單的方法，每天至少說五十遍『我很感激』或者『謝謝你』，記住，要面帶微笑，要發自內心。」

軍夏抱著試試看的態度，一開始覺得很彆扭，要知道「刻意地發自內心」可不是件容易的事情。可是幾天下來，軍夏覺得周圍的同事似乎友善了許多，而且自己在說「謝謝你」的時候也越來越自然，因為感激已經像種子一樣在他心裡悄悄發芽生根。

漸漸地，軍夏發現周圍的環境並不像自己想像中的那樣糟糕。

到後來，軍夏發現在德國工作是一件既能磨練人又讓人感到愉快的事情，是感恩的態度改變了這一切！

「謝謝你！」、「我很感激！」當你微笑而真誠地說出這些話之後，感恩的種子已經在你自己和別人的心裡種下了，這是比任何物質獎勵都寶貴的禮物。

學會感恩，不僅僅意味著要擁有寬廣的胸襟和高尚的品德，實際上，它更應是一種愉悅自我的智慧。感恩是積極向上的思考和謙卑的態度，當一個人懂得感恩時，便會將感恩化作一種充滿愛的行動，在生活中實踐。感恩不是簡單的報恩，它更是一種對工作的責任，一種追求陽光人生的精神境界！一個人會因感恩而感到工作順利，會因感恩而感到心情愉悅，感恩的心，是一粒和諧的種子。我們只要懷有一顆感恩的心，就能發現生活的美好、世界的美麗，就能永遠快樂地生活在溫暖而充滿真情的陽光裡！

一個人自覺自願地奉獻社會、服務他人，也許他並不希望能有對等的回報，但承受奉獻的一方卻有責任對做出奉獻的一方給予回報。這是在道德風俗和社會習慣下形成的必然要求。

別把自己看得太重

一隻駱駝辛辛苦苦地從沙漠一邊走到另一邊，一隻蒼蠅趴在駱駝背上，一點力氣不花也過來了。

蒼蠅譏笑駱駝說：「駱駝，謝謝你辛苦把我馱過來，我走了，再見！」

駱駝看了一眼蒼蠅，「你在我身上的時候，我根本就不知道，你走了，也沒必要跟我打招呼，因為你根本就沒有什麼重量。」

在現實生活中，也有一些「蒼蠅」式的人，他們習慣以自我為中心，總把自己看得很重。他們總以為自己博學多才，滿腹經綸，是幹大事、創大業的料，而別人這也不行，那也不行。如此，自己一旦遭遇失敗，就會牢騷滿腹，感覺懷才不遇，以致心理失衡，容易變得孤立無援，停滯不前。

電影明星洛依德好容易才擺脫了狗仔隊，將車開到修護廠。一個年輕的女工接待了他。女工熟練、靈巧的雙手，俊美的容貌一下子吸引了洛依德。

整個巴黎都知道洛依德，他的「粉絲」無數，走到哪裡他都是目光的焦點。經常有潮水般的年輕女孩圍繞在他周圍，為他的出現而激動、尖叫，甚至哭泣。而如果有誰得到了他的一個簽名，會幸福得要眩暈似的。可是，奇怪的是，眼前這位女孩絲毫不表示驚異和興奮。

「你喜歡看電影嗎？」洛依德忍不住問道。

「當然喜歡，我是個影迷……」

女孩手腳麻利，很快修好了車。「您可以開走了，先生。」

洛依德卻依依不捨：「小姐，你可以陪我去兜兜風嗎？」

「不！我還有工作。」

「可是，這同樣也是你的工作，你修的車，最好親自檢查一下。」

「那麼，好吧，是您開還是我開？」

「當然我開，是我邀請您來的嘛。」

車子平穩地行駛，證明車況良好。

「看來沒有什麼問題，請讓我下車好嗎？」

別把自己看得太重

「怎麼，你難道不想再陪一陪我了，我再問你一遍，你喜歡看電影嗎？」

「我回答過了，喜歡，而且是個影迷。」

「那麼，你不認識我？」

「怎麼不認識，您一來我就看出您是當代影帝阿列克斯·洛依德。」

「既然如此，你為何對我如此冷淡？」

「不，您錯了，我沒有冷淡，而是沒有像一些女孩子那樣狂熱。您有您的成就，我有我的工作。您來修車是我的顧客。如果您不再是明星了，再來修車，我也會一樣地接待您。人與人之間不應該是這樣嗎？」

洛依德沉默了。在這個普通女工面前，他感到自己的淺薄與虛妄。

「小姐，謝謝！你使我想到應該認真反省一下自己的價值，好，現在讓我送你回去。」

別把自己太當回事，即便你是「整個巴黎都知道」的「洛依德」。這並非是妄自菲薄，也並非是對自己能力的否定，更非對自我的瞧不起。恰恰相反，別把自己太當回事，這是出於對自己正確客觀的認識，從而讓自己更好地相信自己，勇於去挑戰、去追求，讓生命走向一次又一次的輝煌與卓越。

古往今來，沒有誰是世界的中心，也沒有誰一直都是所有人注目的焦點。叱吒風雲的政治家，轉眼間就被人拋諸腦後；大紅大紫的明星在風光之後，能被大家記住的又有幾人？偉人名人尚且如此，那麼，卑微如我等的一介草民，又何必有意無意地把自己放在生活的前臺，放在耀眼的追光燈下呢？

為人處世，不妨看輕自己，生活中就會多幾分快樂。在家庭中，不妨看輕自己，不要把自己當成「一言九鼎」的家長，才能更好地與孩子溝通，與愛人和諧相處；在事業上，即使春風得意，也不妨看輕自己，不要把自己當成眾人之上的「楚霸王」，這樣才能結交更多志同道合的盟友，聽取更多有益於事業發展的意見。

能夠看低自己，是一種風度，一種修養，一種境界。能夠看低自己的人，懂得自己只是芸芸眾生中的一分子，不會自高自大、自命不凡；能夠看低自己的人，懂得腳踏實地，從最基本的事情做起，不會好高騖遠，眼高手低。能夠看低自己的人，懂得只有努力奮鬥，開拓進取，才能一步一個腳印地攀登人生的高峰。

別把自己看得太重，並不是無端地貶低自己，也不是消極頹廢、自怨自艾、自暴自棄。而是對自己的正確掌握和準確定位，是人生的一種智慧和策略。別把自己看得太重，就會擁有一個更加真實、更加豐富、更加美好的人生。

山外有山，人外有人

看過這樣一個笑話，一個自認為非常富有的男人去瑞士某銀行存錢，工作人員問他存多少錢時，他神祕且自豪地低聲說：「五百萬美元哪！」工作人員微笑著說：「先生，您不必這麼自卑，在瑞士，貧窮並不是很可恥的事……」

看完，笑了半天。在他眼中的巨大財富，竟然是一個貧窮的標誌。想必從此以後，他都會謙卑地生活，因為他懂得山外有山、人外有人，錢外也有錢。

生活中，類似這樣自大和自戀的人並不乏見，甚至每個人都有可能一不小心就站到了自以為是的行列裡，因為擁有了某些東西沾沾自喜。那些東西也許是名也許是利，也許是美貌和智慧，因為自己擁有而認定與他人不同。漸漸地從自信到自戀，從自知到自大，最後終於變成井底的那隻蛙，從井口看出去就相信自己看到了整個世界的天。

不是說人不可以驕傲，但正如那句老話：「人不可無傲骨，但不可有傲氣。」如果傲骨是一個人的優秀特質，傲氣就成了一種性格缺陷。看過香港女作家亦舒一部叫做《圓舞》的小說，裡面那個極其富有的男主人公，對他收養並給予了豪華生活的女孩說：「永遠不要和任何人攀比衣服和首飾的價格，不要攀比生活的富有。記住，真正擁有一切的人，是永遠不會攀比、不會炫耀的。」

山外總有無窮的山，天外總有無盡的天，自己之外總有比自己強的人。也許你能力卓越，也許你腰纏萬貫，也許你權高位重，也許你聲名顯赫……但不管怎樣，你到底沒有三頭六臂、七十二般變化，你到底還是個凡人而已。所以，任何時候，都不要自以為是，要始終保持一個普通人本來的面目。正所謂「山外有山，人外有人」，人生，需要一種如山的莊重，更需要一種如山的謙遜。

綿延青山，橫亙於天地之間，上可窮達天籟，下可深探黃泉——山是如此氣勢雄壯而又厚重！但是，山的偉大正在於它的準則，深諳山外有山，一方天地之間必有更高的山。同樣，一個人要有自知之明，要明白自己再強、再了不起，也只不過是大海中的一滴水，而比自己更有「本事」的人是如此之多。山外有山，人外有人，自以為的強大實力，在別人眼中其實一文不值。

棲在井裡的青蛙在井邊碰上一隻從東海而來的大鱉。青蛙看見大鱉，便對牠心滿意足地吹噓自己的愜意：「你瞧我住在這兒多麼快樂呀！我從井欄上蹦進淺井，可以在井壁的縫隙裡小憩。在井水裡遊耍，水面就托住我的手臂和下巴。在軟綿綿的泥地上漫步，淤泥就漫過腳背。看看周圍的紅蟲、小螃蟹，牠們誰也不能比我自由自在。」

山外有山，人外有人

井蛙喋喋不休地誇耀自己的安樂：「我獨自享受這口井，得意洋洋地占著，真是快樂極了。」牠對海鱉發話，「先生，請問您，為什麼不常常來光臨我們水井，遊覽觀光一番呢？」

海鱉經不住井蛙的慫恿，抵不住牠的誘惑，也走到井邊去瞧瞧。誰知牠的左足還沒踏進井底，右足卻被井欄絆住了。牠進退不得，遲疑了一會兒，回到了原處。

海鱉算是親自領教了一番青蛙炫耀不已的井邊環境。牠忍不住向井蛙介紹大海的景象：「我生活的大海用千里的遙遠不足以形容海面的遼闊；用萬尺深度不足以窮盡海底。在大禹時代，十年中有九年遭水災，海面也並不因此而上漲；商湯時代，八年中有七年遇旱災，海水也並不因此而下降。你要知道大海是不受旱澇影響而漲落。這也就是我棲息在廣闊東海的樂趣！」

小小井蛙聽了大海鱉對大海的描述，吃驚地瞪著圓圓的小眼睛，滿臉漲得緋紅，羞愧得一句話也說不出來……

大發明家愛迪生曾說：「我懂得越多，越為我的無知感到羞愧。」的確，在自然面前，沒有誰能稱之為淵博。我們所要做的，就是潛心於自己的工作，哪管它浮名虛利。

李時珍皓首窮經四十年，方得《本草綱目》大成，面對天下盛譽，他只是笑了笑又回到他的藥廬；王選獨創雷射排版技術，在鮮花與掌聲中，他還是投身於自己鍾愛的科學研究事業；一代飛人喬丹獨步於籃球場上，但他永遠都在準備「被別人超越」；微軟笑傲世界IT行業，但其掌門人並未夜郎自大，而是專心研發，說：「微軟十八個月就會倒閉。」……如此種種，怎能不讓我們大悟？在世界面前，我們永遠只是一粒微粒。若我們平息下來，層層堆積，也將成為一座高山！

喜歡責備別人的人難以維持與別人的交情，喜歡原諒自己過失的人難以改正錯誤。驕傲自滿的人必定失敗，自我誇耀的人愚蠢透頂，自我戕害的人必然害人害己。多說話而得到好處，不如沉默而不受傷害。

放下架子價更高

低調做人意味著你要放棄許多架子，放棄許多裝模作樣、張揚和賣弄的虛榮表現，放棄許多假正經、假道學、假聖人的虛偽面孔。

人人都有架子，只是架子有大小、多少區分以及所針對的人或事不盡相同罷了，無論是家庭、公司、社會，架子無處不在。褒意上的架子應當是尊嚴、氣質、性格上的完美結合，展現了真、善、美的展示；貶義的架子則是庸俗、高傲、張揚的性格，展現的

放下架子價更高

是假、惡、醜的一面。放下架子，就是要在生活當中摒棄貶義上的架子，還人的本來面目，崇尚人間美好、和諧、真誠的傳統，使我們本身具有的人格魅力一覽無餘，這也是處世平等、人性化的根本要求。

俗話說：「騾馬架子大了能駕轅，人架子大了不值錢。」人們還把架子戲謔為「臭架子」，可見對其厭惡之深。常聽人們說「某某人沒架子」，這是對一個人發自內心的褒獎。而那些有一定權勢有一定地位的人，念念不忘自己的「身分」，常常放不下架子，總好擺譜，以為那樣能顯示自己的「身價」與「威風」，結果擺來擺去，反倒讓人覺得是一種虛偽和淺薄。

人一旦有了架子，就好比蓋樓時搭的架子，架子可以把人抬到與樓一般高，沒有了架子，人就達不到那樣的高度。但有了「架子」很不方便，彎不下腰，轉不了身，脖子和眼睛都不靈活。「架子」看上去威風得很，其實虛弱得很。

成功者往往是恪守低調作風的典範。低調做人不僅是一種境界、一種風範，更是一種思想、一種哲學，需要把架子完全拋棄。

從一定意義上講，放下架子，就是自我解脫，只有這樣，才能放下包袱，輕裝前進。一個人真正放下了架子，就會真正正視現實，在人生道路上就能多幾分清醒，就能帶來緣分、帶來機遇、帶來幸福。放下架子即智慧，放下架子即歡樂，放下架子即財富。

有一位五專畢業生，剛開始在一家公司應徵了一份低薪的體力工作，幾個月後，老闆逐漸發現其能力不俗，於是委以重任，而該五專生因為有了基層工作的累積，在高管的位子上一點架子都沒有，工作開展得如魚得水，成就非凡……在此，我們需要效仿的，除了「低就」的就業策略，更重要的是成熟、務實的心態。有些人認為放下了架子就會丟了面子，有了面子就可以端起架子。殊不知，如果真能放下架子，說不定會贏得更多的面子。

將心比心，以心換心，誰也不會因為你放不下架子反而會給足你面子。所以看輕面子，放下架子，踏踏實實做事，輕輕鬆鬆做人，豈不樂哉！

低調是一種優雅的人生態度。它代表著豁達，代表著成熟和理性，它是和含蓄連繫在一起的，它是一種博大的胸懷、超然灑脫的態度，也是人類個性最高的境界之一。低調的人容易被人接受。

知道自己能吃幾碗白飯

相聲大師馬三立有一個很雷人的相聲，馬老在那個相聲裡把自己吹得神乎其神，無所不能。相聲的最後，捧哏的問他：「飯量怎麼樣？一頓能吃幾碗乾飯？」馬老尋思了一下，說：「我都不清楚自己能吃幾碗白飯。」真是於無聲處聽驚雷，仔細回想這句話，越想越覺得可笑，簡直幽默與睿智到家了。真的只有「不知道自己吃幾碗白飯的人」才覺得自己無所不能、處處神通呢。

有一則寓言，說的是一個狂妄自大的癩蛤蟆。這隻癩蛤蟆看見牯牛走近來吃草，牠下定決心要盡最大的力量來比過牯牛的龐大，於是用足狠勁鼓著氣，脹起肚子。

「喂，親愛的青蛙，告訴我，我跟牯牛一樣大嗎？」牠問牠的同類道。

同類老老實實地回答：「不，親愛的，差得遠呢！」

「你再瞧瞧，瞧得仔細點兒，說得明白點兒。喏，怎麼樣？我現在鼓得夠大的了吧！」癩蛤蟆又問。

同伴說：「我看還是差了不少。」

「那麼——現在呢？」

「跟先前一模一樣啊。」

癩蛤蟆始終趕不上牯牛的龐大，但牠的狂妄卻超過了上天賦予牠所能承受的極限，結果用力太猛，「啪」地脹破了肚皮而一命嗚呼。

不知道自己能吃幾碗白飯的，這個癩蛤蟆不是第一個，也絕不是最後一個。就像你我常見到的那樣，在我們的生活中總是有人不自覺地充當著那只不自量力的癩蛤蟆的角色。有的人甚至過了大半輩子，卻還「天真爛漫」，不知道自己能做什麼，不知道自己會做什麼，不清楚自己到底有多大的本事。對別人評頭品足，指指點點，說長道短。

在現實生活中，還有一些人，不知道自己幾斤幾兩，不知道低調，總是自命清高，虛張聲勢，這就難以在社會上、工作中順風順水了。

人要了解自己，認識自己，自知是做人的最起碼要求。有了自知，一個人才能為自己所處的環境有一個準確的掌握，才能知道自己的工作能力、學識水準、社會關係、家庭、社會背景等處在一個什麼樣的狀況下，面對自己的現實情況，來掌握自己的人生旅途，人才能得到自信，才能充分發揮自己的聰明才智，生活的才能充實。

一種適當的認命，是人生旅程中最重要的準備。

莫吹噓自己的能耐

有些人為了贏得別人更多的關注、認同和推崇，或為了向他人推銷和兜售自己，不惜嘩眾取寵，竭盡鼓吹和炫耀自己之能事，大談當年如何春風得意，卻矢口不提觸霉頭、掉鏈子的困窘；大談當年過五關、斬六將的豪壯，卻從不提敗走麥城的狼狽。

誠然，賣弄自己之能，吹噓自己的風光之事和得意之事，能賺到一些豔羨，卻也會招來一些妒忌、反感甚至厭惡。愛自我誇耀的人，是找不到真正的朋友的。因為他自視清高，鄙視一切，不大理會別人的意見。這種人只會吹牛，朋友們避之唯恐不及。這種人常自以為最有本領，覺得幹什麼都沒有人比得上他，瞧不起別人，結果使自己成為孤立者。

小烏賊長大了，烏賊媽媽開始教牠怎樣噴「墨汁」來保護自己。

烏賊媽媽說：「每隻烏賊都有自己的墨囊，在遇到敵人時，可以噴發墨汁來掩護我們逃跑。」小烏賊在媽媽的指導下，果然能噴出又黑又濃的墨汁了。

自從小烏賊學會了噴墨汁的本領，就總是向牠的朋友小海蛾、小海參、小蝦魚炫耀自己。小海參說：「小烏賊，噴墨汁確實是你的本領，但也不應該總是拿出來炫耀啊！

你應該學一些新的本領。」小烏賊聽了很不服氣地說：「真討厭，才不用你來教訓我。」然後牠發怒了，噴出一股濃濃的墨汁，朋友們嚇得東躲西藏，還把附近的海面弄得烏煙瘴氣的，自己也搞不清方向了。這個時候，一條大魚向牠撲了過來，小烏賊急忙噴墨汁，但是牠的墨囊裡已經沒有墨汁了，看著大魚越來越近，小烏賊慌了。就在這關鍵時刻，小海參衝了過來喊道：「小烏賊，快閃開。」就在大魚馬上要吃掉小海參的時候，小海參丟出來一串腸子。

大魚離開後，小烏賊羞愧地說：「小海參，原來你也有保護自己的方法啊！」小海參說：「把腸子拋給敵人是我們保護自己的本能，沒什麼好炫耀的，好多生物的本領都比我們強很多。」小烏賊聽後慚愧地低下了頭。

真正有本事的人很少向別人炫耀自己。《智慧書》說：「不要對每個人都顯露同樣的才智；事情需要多大的努力就只付出多大的努力。」不要白費你的知識和才德。優秀的養鷹者只養自己用得上的鷹。不要天天露才顯能，否則要不了多久，人們再也不覺得你有什麼稀奇處。所以你總是要留有一些絕招。假如你能經常展露那麼一點點新鮮的才華，則人們就總是會對你抱有期望，因為他們弄不清你的才華究竟有多麼的深廣。

有一個大學畢業生，頭腦靈活、思路敏捷，看起來確實很聰明，也很能幹。一次，

莫吹噓自己的能耐

他去一家飯店應徵。主持面試的客戶部經理，在與年輕人談完一般情況後，便問道：

「我們經常接待外賓，是需要外語的，你學過哪些外語，程度如何？」

「我學過英語，在學校總是名列前茅，有時我提出的問題，英語老師都支支吾吾地答不上來！」他不無自豪地說。經理笑了一下又問：「做一個合格的接待員，還要有多方面的知識和能力，你……」

經理的話還沒說完，他便搶著說：「我想是不成問題的，我在校各科成績都不錯，我的接受能力和反應能力都很快，做招待員工作絕不會比別人差。」

「那麼說，就你的學識來說，當一名接待員是綽綽有餘了？」

「我想，是這樣。」

「好吧，就談到這裡，你回去等消息吧。」

大學生沾沾自喜地回去等消息了，可等到的消息卻是不錄取。年輕人本來想自誇一番，以便獲得經理的信賴，沒想到結果是抬高自己，反而給別人留下壞印象，失去了別人的信任。一個人若真正具有某種本領或才智，是會得到別人的公正讚許的，這讚美的話只有出自別人之口，才具有真正的價值。

濫用誇張的詞語是不明智的，這種詞語既違背真理，又使人對你的判斷心存疑慮。

說話誇大其詞，等於是把讚美的詞兒到處亂扔，這顯示出你知識欠缺、品味不高。讚揚招來好奇心，好奇心產生欲望，等後來人們發現你言過其實時，常常會因此感到他們原來的期待心受了愚弄，於是生出報復心理，將讚美者和被讚美者一古腦地踐踏。所以，謹慎的人知道節制，與其言過其實，不如言之未足。真正的卓越非凡十分罕見，所以你不宜濫下褒詞。言過其實等於是一種說謊，可能會毀壞別人原本以為你品味高雅的印象，或者甚而至於毀壞你智慧過人的名聲。

總之，一個人在為人處世之中盡量少談自己風光的事，實在要談，也要看物件和場景，切勿給人造成出風頭、強顯自己的印象。與其炫耀自己之能，不如鼓吹他人之功，把榮耀給身邊的人，把風光給同行的人，也許會贏得更多稱許和美譽。

老鷹站在那裡像睡著了，老虎走路時像有病的模樣，這就是他們準備獵物前的手段。所以一個真正具有才德的人要做到不炫耀，不顯才華，這樣才能很好地保護自己。

姿態越低越難受傷

颶風掃蕩過的原野一片狼藉，連高大偉岸的橡樹也被攔腰折斷。然而蘆葦卻堅強地活了過來，在微風中跳起了輕快的舞蹈。颶風以橫掃一切的氣勢，將高大偉岸的橡樹折

姿態越低越難受傷

斷，卻沒有傷害到纖細如指、柔弱如柳的蘆葦，究竟是什麼原因？原來，蘆葦在颶風來臨時，將自己的身子一再放低、放低……幾乎與地面平行，使颶風加在自己身上的力量減少到最低，因而得以保全自己。而橡樹，仗著自己有堅實的腰板，不肯放下自己的身段，最終免不了被颶風吹折。

在秦始皇陵兵馬俑博物館，有一尊被稱為「鎮館之寶」的跪射俑。這尊跪射俑是保存最完整的、唯一未經人工修復的秦俑。秦兵馬俑坑至今已經出土清理出各種陶俑一千多尊，除跪射俑外，其他皆有不同程度的損壞，需要人工修復。為什麼這尊跪射俑能保存得如此完整呢？

原來，這得益於它的低姿態。首先，跪射俑身高只有一點二公尺，而普通立姿兵馬俑的身高都在一點八至一點九七公尺之間。天塌下來有高個子頂著。其次，跪射俑作蹲跪姿，右膝、右足、左足三個支點呈等腰三角形支撐著上體，重心在下，增強了穩定性，與兩足站立的立姿俑相比，不容易傾倒、破碎。因此，在經歷了兩千多年的歲月風霜後，它依然能完整地呈現在我們面前。

由跪射俑的低姿態想到我們的做人之道。一個人若能在人群中保持低姿態，才高不自詡，位高不自傲，也同樣可以避開無謂的紛爭，在顯赫時不會招人嫉妒，卑賤時不會遭人貶損，能更好地讓自己的生活平靜祥和。

嫉妒是人性的弱點之一，只不過有的人會把嫉妒表現出來，有的人則把嫉妒深埋在心底。嫉妒是無所不在的，朋友之間、同事之間、兄弟之間、夫妻之間、父子之間，都有嫉妒存在。而這些嫉妒一旦處理失當，就會形成足以毀滅一個人的烈火，特別是發生在朋友、同事間的嫉妒情緒，對工作和交往更會造成麻煩。

朋友、同事之間嫉妒的產生有多種情況。例如：「他的條件不見得比我好，可是卻爬到我上面去了。」、「他和我是同班同學，在校成績又不比我好，可是竟然比我發達，比我有錢！」在工作中，如果你升了官、受到上司的肯定或獎賞、獲得某種榮譽，那麼你就有可能被別人嫉妒。女人的嫉妒會表現在行為上，說些「哼，有什麼了不起」或是「還不是靠拍馬屁爬上去的」之類的話。但男人的嫉妒通常藏在心裡，有的藏在心裡就算了，有的則明裡暗裡跟你作對，表現出不合作的態度。

因此，當你一朝得意時，應該想到並注意到的問題是：同單位之中有無比我資深、條件比我好的人落在我後面？因為這些人最有可能對你產生嫉妒。

觀察同事們對你的「得意」在情緒上產生的變化，可以得知誰有可能在嫉妒。一般來說，心裡有了嫉妒的人，在言行上都會有些異常，不可能掩飾得毫無痕跡，只要稍微

姿態越低越難受傷

用心，這種「異常」就很容易發現。

而在注意這兩件事的同時，你應該盡快在心態及言行方面做如下調整：不要凸顯你的得意，以免刺激他人，徒增他人的嫉妒情緒，或是激起其他更多人的嫉妒，你若洋洋得意，那麼你的歡欣必然換來苦果。

把姿態放低，對人更有禮，更客氣，千萬不可有倨傲、侮慢的態度，這樣就可在一定程度上降低別人對你的嫉妒，因為你的低姿態使某些人在自尊方面獲得了滿足。

在適當的時候適當地顯露你無傷大雅的短處，例如不善於唱歌、外文很差等，以便讓嫉妒者的心中有「畢竟他也不是十全十美」的幸災樂禍的滿足。

和所有嫉妒你的人溝通，誠懇地請求他的幫助和配合，當然，也要指出並讚揚對方有而你沒有的長處，這樣或多或少可消弭他對你的嫉妒。

遭人嫉妒絕對不是好事，因此必須以低姿態來化解，這種低姿態其實是一種非常高明的做人之道。

學會低調做人，就是要不喧鬧、不矯揉造作、不故作呻吟、不假惺惺、不捲進是非、不招人嫌、不招人嫉，即使你認為自己滿腹才華，能力比別人強，也要學會藏拙。而抱怨自己懷才不遇，那只是膚淺的行為。

韜光養晦不只是一種生存策略，也是一種發展策略。一個甘願處於次要位置的人，一個謙卑的人，更能贏得大家的尊重和愛戴。

少出頭，多自由

美麗的花草最容易招人採摘，而一朵不顯眼的平凡花草，反而更能夠自由自在地開放。低調做人者首先給人的感覺就是「貌不驚人」。當然，所謂的「貌」不完全是指外貌，嚴格地說是「看上去」的意思，即包括一個人的相貌穿著，也包括了行為舉止。這種人給人的感覺是內斂而不張揚、柔和而不粗暴，不顯山露水，也不鋒芒畢露。這種做人的低姿態，能夠減少別人的反感與嫉妒之心。

不過，在這個個性張揚的時代，更多的（特別是年輕人）遇事喜張揚，遇人好炫耀，更要命的是抬高自己時還一本正經的樣子，不見絲毫的羞澀。我們經常看到一些人，有十分的才能，就要十二分地表現出來。生怕別人不知道，還要十三分地說出來。他們往往有著充沛的精力，很高的熱情以及一定的能力。他們說起話來咄咄逼人，做起事來不留餘地。

少出頭，多自由

俗話說：「槍打出頭鳥。」先出頭的鳥，最容易成為獵人眼裡的靶子。處世也經常有類似的境遇。「木秀於林，風必摧之；行高於眾，眾必非之。」要想不成為別人眼裡的靶子，最好是自己主動要放下身段，低調做人。

人的低調之一展現在不輕易出頭，展現在多思索、少說話，展現在多安靜、少喧嘩。不要讓人以為你是個愛搶風頭的人，這樣容易激起嫉妒，產生矛盾和公憤。

但矛盾來了——我們每天忙碌奔走，不是希望自己能夠有一天出人頭地嗎？如果事事都不出頭，怎麼會有出人頭地的那一天呢？

想出人頭地並不是什麼錯，一個對自己有事業心的人、一個對家人有責任感的人，都有一種出人頭地的欲望，只不過有些人隱藏得深一點有些人隱藏得淺一點。

做人做事，我們要適當出頭，但不可強行出頭。所謂「強出頭」，「強」在兩層意思。

第一，「強」是指「勉強」。也就是說，本來自己的能耐不夠，卻偏偏要勉強去做。當然，我們承認一個人要有挑戰困難的決心與毅力，但挑戰一定要有分寸。明知山有虎，偏向虎山行，如果沒有一定的能耐，何必去送死？如果一定要打虎，先練練功夫才是最明智的選擇。失敗固然是成功之母，但我們不是為了成功而去追求失敗。自不量力的失敗，不僅會折損自己的壯志，也會惹來了一些嘲笑。

第二，「強」是指「強行」。也就是說，自己雖然有足夠的能力，可是客觀環境卻還未成熟。所謂「客觀環境」是指「大勢」和「人勢」，「大勢」是大環境的條件，「人勢」是周圍人對你支持的程度。「大勢」如果不合，以本身的能力強行「出頭」，不無成功機會，但會多花很多力氣；「人勢」若無，想強行「出頭」，必會遭到別人的打壓排擠，也會傷害到別人。

少些出頭，你的身心就會多些隨意與自由。

世間萬事萬物皆起之於低，成之於低，低是高的發端與緣起，高是低的嬗變與演繹。

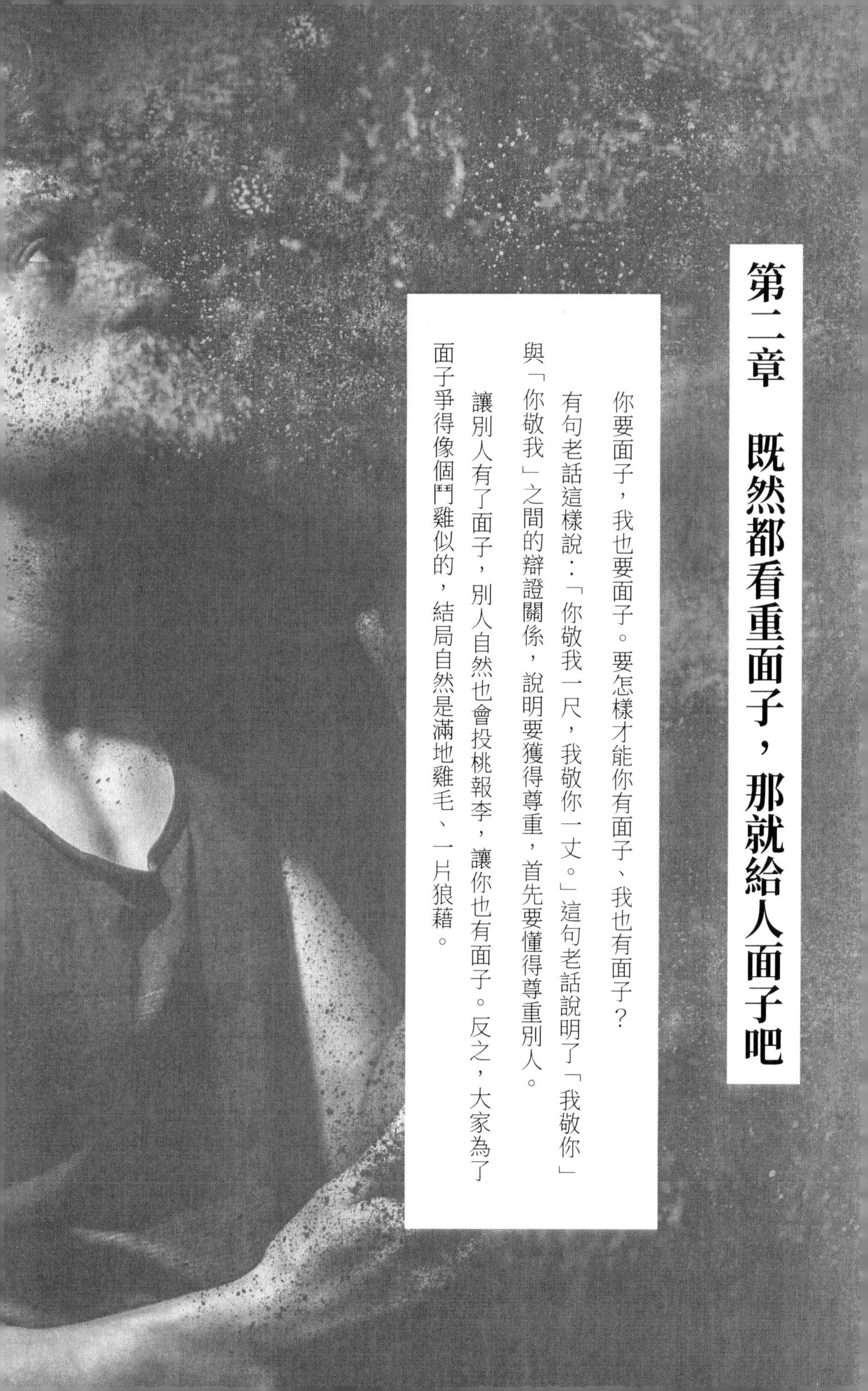

第二章　既然都看重面子，那就給人面子吧

你要面子，我也要面子。要怎樣才能你有面子、我也有面子？

有句老話這樣說：「你敬我一尺，我敬你一丈。」這句老話說明了「我敬你」與「你敬我」之間的辯證關係，說明要獲得尊重，首先要懂得尊重別人。

讓別人有了面子，別人自然也會投桃報李，讓你也有面子。反之，大家為了面子爭得像個鬥雞似的，結局自然是滿地雞毛、一片狼藉。

死要面子活受罪

託人辦事找面子，受人之託靠面子，吃喝穿戴講面子，風花雪月看面子，左右逢源有面子，前呼後擁顯面子，欲蓋彌彰假面子，不好意思愛面子……

面子貼在我們臉上，像一層紙，薄薄的，但我們始終難以戳破它。常言道：「死要面子活受罪」，太愛面子的人，不斷給自己臉上增加面具，以至於常常為面子所累、所害。

三國時期，曹操實際上擁有皇帝之權，一切朝政大事皆由他掌管。獻帝只是後宮的男主人，有時甚至連後宮也管不了。一切生殺大權都在曹操手上，只不過曹操還缺一件黃袍罷了。這時孫權來信慫恿曹操稱帝。曹操不上當，袁術卻傻乎乎地在西元一九七年稱帝。結果，引來各路諸侯爭相討伐，不到三年就死於亡命途中。袁術真應了曹操的話：「慕虛名而處實禍！」俗話說：「人活一張臉，樹活一身皮」，要面子是人之常情。但是，千萬不能把「要面子」與「死要面子」混為一談。真理邁過去一步就是謬論，從「要面子」邁過去一步，變成了「死要面子」。而「死要面子」，其結果往往是「活受罪」。

留心觀察我們的周圍，就會發現，有很多死要面子活受罪的人。比如，一個人遇到一個朋友來借錢，自己沒有財力，為了不讓朋友瞧不起，從鄰居那裡借來錢給了那位朋

死要面子活受罪

友。這個人覺得拒絕別人的要求，就是無能的表現，為了維護自己的尊嚴寧可讓自己受罪或損失，只有這樣才讓人覺得很了不起，虛榮心也得到了很大的滿足。又如，一個剛剛發財的個人企業，首先考慮的不是擴大再生產而是購買一輛賓士或 BMW 之類的好車，威風八面，不然總擔心談判時別人瞧不起；還比如，我們在宴請賓客的飯桌上，為了顯示對客人的尊重，不斷地點菜，豐盛之至，總覺得剩下的越多就越有面子，吃的一乾二淨就是沒有面子，以至於鋪張浪費。

要面子是攀比心理的伴生物，總是懷著一種不比別人差或超過別人的心理，來顯示自己的價值。其實，這種不務實的心理焦慮，等於為自己設置障礙。人各有所長，也各有所短。以己之短，追慕他人所長，常常力所不及。如果能夠摒棄這種以虛假的幻象來掩蓋自己的攀比心理，就會正確地認識自我，發現自己的長處，感覺到別人也有不如自己的地方，不再為自己不如別人而苦惱。只有具備這種心態，才能自得其樂，擺脫心理焦慮的苦惱。

打腫自己的臉，紅腫之處肌肉豐滿，紅光滿面，絕對是一副大亨發達的模樣，容不得別人有半點懷疑。但是，他內心深處卻在火辣辣的疼痛，在別人的誇獎中獨自吞咽著這實實在在的苦果。

巧嘴讚美給人面子

張三李四都是山裡的獵人，有一天他們各自打到兩隻兔子回家。

張三的妻子看見只有兩隻兔子，冷漠地說：「你一天只打到兩隻小野兔嗎？真沒用！」張三聽了有點鬱悶，心裡埋怨起來，你以為很容易打到嗎？第二天他故意空手而回，讓妻子知道打獵是件不容易的事情。

李四的妻子看到獵人帶著兩隻兔子回來，歡天喜地地說：「你一天就打了兩隻野兔嗎？真了不起！」李四聽了滿心喜悅，心想兩隻算什麼。第二天他打了四隻野兔回來。

詹姆士說：「人性中最為根深蒂固的本性就是渴望被讚賞。」猶太人也說：「成功的讚美，可以給人帶來無盡的快樂，可以讓別人受到鼓舞，不但這樣，讚美者也能從中獲得快樂和幸福。讚美，就好比春天般的溫暖，讓兩個從未見過面的陌生人的心彼此吸引，彼此靠近。讚美，就好像林中的汩汩甘泉，可以讓友誼之樹常青，讓友誼之花燦爛茂盛。」

有的人吝惜讚美，很難賞賜別人一句讚美的話，他們不懂得，多正面引導，多表揚鼓勵，是思想教育工作的一條規律。予人以真誠的讚美，展現了對人的尊重、期望與信任，並有助於增進彼此間的了解和友誼，是協調人際關係的好辦法。

巧嘴讚美給人面子

人人皆有可讚美之處，只不過長處和優點有大有小、有多有少、有隱有顯罷了。只要你細心，就隨時能發現別人身上可讚美的「閃光點」。即使缺點較多或長期處於消極狀態的人，只要稍有改正缺點、要求上進的可喜苗頭，就應及時給予肯定、讚揚。

讚美之於人心，如陽光之於萬物。在我們的生活中，人人需要讚美，人人喜歡讚美。這絕不是虛榮心的表現，而是渴求上進，尋求理解、支持與鼓勵的表現。

被譽為「成人教育之父」的卡內基講了一個自己親身經歷的故事：

有一天，我在紐約的一個郵局裡排隊等候發一封掛號信，櫃檯後面的辦事員顯然對工作感到不耐煩，因為他日復一日重複著機械的工作。

我便對自己說，我要讓那位辦事員喜歡我，而要討他喜歡，我顯然必須說一些關於他的好話。稱讚眼前的這位職員似乎並不讓我感到困難，我馬上找到了稱讚的話題。

在他稱我的信的重量時，我真誠地對他說：「我真希望能有你這樣的好頭髮。」他吃驚的抬起頭，但馬上臉上揚起微笑：「哦，它早已不像以前那麼好了！」他謙虛地回答。我告訴他，雖然它可能已沒有原來的好，但仍然非常漂亮，他十分高興，和我談了一會兒，最後說，「許多人都說我的頭髮好看。」

我敢保證，他中午吃飯的時候，一定滿面春風，晚上回家的時候，一定會將此事告訴他妻子，他會照著鏡子對自己說：「這頭髮多好看！」

有一次，我在演講的時候提起這事，有人問我：「你想從那人身上得到什麼？」

我想從那人身上得到什麼？

假使我們真是這麼自私，這麼功利，從來都是吝嗇於給別人帶去一點快樂，一旦沒有從他人身上得到一點好處，就不再對他人表示一點讚賞或表達一點真誠的感謝。如此我們的靈魂比野生的酸蘋果大不了多少，我們的心靈會何等的貧乏！

愛聽讚美，是出於人的自尊，這是一種正常的心理需求。人們總是自覺不自覺地在他人那裡尋找自身存在的價值，其內心深處都有被重視、被肯定、被尊敬的渴望。當這種渴望實現時，人的許多潛能和真善美的情感便會被奇蹟般地激發出來。

一句鼓勵的話語，一陣讚賞的掌聲，都會使一顆疲憊的、困頓的心靈感受到一縷陽光般的溫暖。經常聽到真誠的讚美，明白自身的價值獲得了社會的肯定，有助於增強自尊心、自信心。

當然了，在尚未發現對方引以為豪的事物之前，讚美要特別小心。如果碰到一位正為太肥而煩惱的人，你卻說：「你真有福氣，身體胖胖的。」對方十有八九不高興。

最後，我們還應知道，讚美別人要注意一條原則：不要以別人的人品或性格為對象，而應是讚美他過去的成就、行為、服飾或裝飾品等。如果你把他過去引以為豪的事加以讚美，這頂高帽他就更容易接受了。

扯下自己的面子給人

西漢時，有個叫胡常的老儒生和儒生翟方進一起研究經書。胡常先做了官，但名譽不如翟方進好，在心裡總是嫉妒翟方進的才能，和別人議論時，總是不說翟方進的好話。翟方進聽說了這事，就想出了一個應付的辦法。

胡常時常召集門生，講解經書。一到這個時候，翟方進就派自己的門生到他那裡去請教疑難問題，並一心一意、認認真真地做筆記。一來二去，時間長了，胡常明白了，這是翟方進在有意地推崇自己，給自己面子。想到這裡，胡常心中十分不安。後來，在官僚中間，他再也不去貶低而是讚揚翟方進了。

如果說翟方進以尊敬對手的方法，轉化了一個敵人，那麼王陽明則憑給面子保護了自身。明朝正德年間，朱宸濠起兵反抗朝廷。王陽明率兵征討，一舉擒獲朱宸濠，建了大功。當時受到正德皇帝寵信的江彬十分嫉妒王陽明的功績，以為他奪走了自己大顯身手的機會，於是，散布流言說：「最初王陽明和朱宸濠是同黨。後來聽說朝廷派兵征討，才抓住朱宸濠以自我解脫。」想嫁禍並抓住王陽明，作為自己的功勞。

在這種情況下，王陽明和張永商議道：「如果把擒拿朱宸濠的功勞讓出去，可以避免不必要的麻煩。假如堅持下去，不做妥協，那江彬等人就要狗急跳牆，做出傷天害理的勾當。」為此，他將朱宸濠交給張永，使之重新報告皇帝：「朱宸濠捉住了，是總督軍們的功勞。」這樣，江彬等人便沒有話說了。

王陽明稱病休養到淨慈寺。有了面子的張永回到朝廷，大力稱頌王陽明的忠誠和讓功避禍的高尚事蹟。皇帝明白了事情的始末，免除了對王陽明處罰。王陽明扯下自己的面子給別人，避免了飛來的橫禍。

在給人面子時，緊緊抓住這兩點，找到別人最在乎的東西並以適當的途徑和方式提供給別人，往往會使別人感到一種超乎尋常的滿足，別人對你提供的東西滿意，你也就能從中獲得極大的好處，達到自己的原來目的。

大作家雨果曾說過：「世界上最寬闊的東西是海洋，比海洋更寬闊的是天空，比天空更寬闊的是人的心靈。」我們應該像大海一樣笑納百川，像天空一樣任鷹翱翔，像高山一樣簇擁群峰，摒棄自大、自負和自滿，毫不吝嗇地對別人的才智、德操、品行送上一句由衷的讚美吧。

莫揭露別人的短處

金無足赤，人無完人；凡人皆有其長處，亦必有其短處。對待他人的短處，不同的人則有不同的方法。有的人在與他人的談話中，盡量多談及對方的長處，極力避免談及對方的短處；也有的人專好無事生非，興波助瀾，有聲有色地編撰別人的短處，逢人便誇大其詞地談論別人的短處；有的人雖無專說別人短處的嗜好，但平時卻對此不加注意，偶爾也不小心談到別人的短處。

每一個人都有自身無法消除的弱點，就像個子矮是天生的一樣。如果我們老是把眼光盯在別人的弱點上，總是將別人的弱點當成攻擊的物件，那麼只會出現兩種情況：一是別人不願意再與你交往。如此一來，你的朋友會越來越少，別人都躲著你，避開你，不與你計較，直到剩下你自己孤家寡人一個。二是別人也對你進行反攻，揭露你的短處。這樣勢必造成互相揭短、互相嘲笑的局面，進而發展到互相仇視。如此結局，想必沒有人願意「享受」。

中國歷史有所謂「逆鱗」之說。據說在龍的喉部下，大約直徑一尺的部位上長有「逆鱗」。這是龍身上最痛的地方，如果有誰不小心觸摸到這一部位，必定會被激怒的龍所殺。

事實上，無論多麼高尚偉大的人，身上都有「逆鱗」存在，這就是每個人身上最不願意被提及的痛處。一旦這個痛處被擊中，必定會引起他們的劇痛與反擊。所以，有一句俗語說：「打人莫打臉，揭人莫揭短。」打人不打臉，罵人不揭短。沒有一個人願意讓別人攻擊自己的短處。若不分青紅皂白，一味說對方的短處，其結果往往是引發唇槍舌劍，兩敗俱傷。

有位文化界人士，每年都會受邀參加某單位的雜誌評鑒工作，這工作雖然報酬不多，但卻是一項榮譽，很多人想參加卻找不到門路，也有人只參加一兩次，就再也沒有機會了。問他為何年年有此「殊榮」，他在退休後才終於公開祕訣。

他說，他的專業眼光並不是關鍵，他的職位也不是重點，他之所以能年年被邀請，是因為他很會給「面子」。他說，他在公開的評審會議上一定把握一個原則——多稱讚、鼓勵而少批評，但會議結束之後，他會找來雜誌的編輯人員，私底下告訴他們編輯上的缺點。

因此，雖然雜誌有先後名次，但每個人都保住了面子。而也就因為他顧慮到了別人的面子，因此承辦該項業務的人員和各雜誌的編輯人員，大家都很尊敬他、喜歡他，當然也就每年找他當評審了。

在社會上行走，「面子」是一件很重要的事，為了「面子」，小則翻臉，大則會鬧出人命。如果你是個只顧自己面子，卻不顧別人面子的人，那麼你必定會為此付出沉重的代價。

在我們與人相處時，即使知道對方的這些短處，也應當尊重他們，不能有意或無意中傷害他們。不張揚或挖苦他人的短處，不僅展現了你的品格和修養，還會使這些人對你敬重有加，從而更願意向你傾吐生活中遇到的煩惱和困惑。

「理直」何必「氣壯」

不知你有沒有發現？人們看自己的過錯，往往不如看別人那樣苛刻。原因當然是多方面的，其中主要原因可能是我們對自己犯錯誤的來龍去脈了解得很清楚，因此對於自己的過錯也就比較容易原諒；而對於別人的過錯，因為很難了解事情的全部面向，所以比較難找到原諒的理由。

大多數人在評判自己和他人時，不自覺地用了兩套標準。例如：如果我們發現了旁人說謊，我們的譴責會是何等嚴酷，可是哪一個人能說他自己從沒說過一次謊？也許還不止一百次一千次呢！

或許是生活中有太多需要忍耐的不如意，例如：被老闆罵了，被妻子怨了，被兒子氣了……這些都似乎需要無條件忍耐。有的人忍一忍，氣就消了；有的人忍耐久了，心中的不平之氣就如堤內的水位一樣節節攀升。對於後者來說，一旦逮住一個合理的宣洩機會，心中的怒氣極易如洪水決堤般洶湧而出，還美其名曰：「理直氣壯。」

做人要學會給他人留下臺階，這也是為自己留下一條後路。每個人的智慧、經驗、價值觀、生活背景都不相同，因此在與人相處時，相互間難免衝突和爭鬥——不管是利益上的爭鬥還是非利益上的爭鬥。

大部分人一陷身於爭鬥的旋渦，便不由自主地焦躁起來，一方面為了面子，一方面為了利益，因此一旦自己得了「理」便不饒人，非逼得對方鳴金收兵或豎白旗投降不可。然而「得理不饒人」雖然讓你吹著勝利的號角，但這也是下次爭鬥的前奏，因為這對「戰敗」的一方而言也是一種面子和利益之爭，他當然要伺機「討要」回來。

最容易步入「得理不讓人」局面的，是在能力、財力、勢力上都明顯優於對方時，也就是說你完全有本事乾淨俐落地收拾對方。這時，你更應該偃旗息鼓、適可而止，因為以強欺弱並不是光彩的行為，即使你把對方趕盡殺絕了，在別人眼中你也不是個勝利者，而是一個無情無義之徒。

《菜根譚》中說：「鋤奸杜倖，要放他一條去路。若使之一無所容，譬如塞鼠穴者，一切去路都塞盡，則一切好物俱咬破矣。」所謂「狗急跳牆」，將對方緊迫不捨的結果，必然招致對方不顧一切的反擊，最終吃虧的還是自己，這也算是一種讓步的智慧吧。

有一位哲人說過這麼一句引人深思的話：「航行中有一條公認的規則，操縱靈敏的船應該給不太靈敏的船讓道。我認為，人與人之間的衝突與碰撞也應遵循這一規則。」

給人下臺階的機會

鄭國國君鄭莊公，有個同母所生的弟弟段。因為他的母親武姜非常喜歡段，想讓段當國君，就支持段反叛，結果被鄭莊公滅了，武姜被發配到邊遠地帶。

武姜臨行前，鄭莊公發誓說：「不及黃泉，未相見也」，不見黃泉路，不跟她見面，意思是到死都不想見母親了。

因為這件事，百姓背後議論紛紛，鄭莊公背上了「不孝」的名聲。

後來，鄭莊公後悔自己做得太絕了，但是「金口玉言」，說過的話，也不好反悔，所以有點進退兩難。

這時，有個叫潁考叔的人，出了個主意：在地上挖個大坑，一直挖到出水，就是見到了「泉水」，這樣就相當於見了「黃泉」。然後放個梯子，武姜和鄭莊公順梯子下去，在大坑裡見面，就等於誓言實現。

鄭莊公依計照辦，母子相見，抱頭大哭。鄭莊公把母親接回王宮奉養，百姓交口稱讚。

這個故事有的版本說是修建了臺階下去的，所以後人把幫人保面子、打破尷尬局面的事情，稱為「下臺階」。

當然，給人臺階下，除了需要寬大的胸懷，還需要智慧。

十九世紀英國，有位軍官一再請求首相迪斯雷利加封他為男爵。可此人有些條件不能達標。

迪斯雷利無法滿足他的請求，可他並沒有直接說「不行，你不達標！」而是用溫婉的語氣說：「親愛的朋友，很抱歉我不能給你男爵的封號，但我可以給你一件更好的東西。我會告訴所有的人，我曾多次請你接受男爵的封號，但都被你拒絕了。」

消息傳出後，大家都稱讚軍官謙虛，淡泊名利，對他的禮遇和尊敬遠遠超過了任何一位男爵。

後來，這位軍官成了迪斯雷利最忠實的夥伴和軍事後盾。

可見，給尷尬者「臺階」下，尊重其人格，給予寬容和體諒，使對方感受到你的誠摯與溫暖，誰還會以怨報德而一錯再錯呢？

給人臺階，是件心態與智慧並舉的事情。具體來說，應做好以下幾點：

第一，如果是對方或是身邊的人失誤，而造成不好下臺的局面，那麼「指鹿為馬」是巧妙化解矛盾的方法。

第二，如果是自己失誤而造成不好下臺，聰明的辦法是：多些調侃，少些掩飾；多些低姿態，少些趾高氣揚；多些自嘲，少些自以為是。

第三，善用假設，巧避鋒芒。比如，一件事情，雙方都認為自己的觀點正確。爭執不下，你可以說一句「如果你說得正確，那我肯定錯了。」相信對方也就不會再爭辯了。

有一次，一個男生和班導師爭論起來，討論男生能不能到女生宿舍串門子。班導師一口咬定絕對不能，學生認為可以適當串門，可是兩人誰也沒能說服誰。男生看到不能說服老師，又見老師似有怒意，只好結束話題：「如果老師您說的正確，那我肯定錯了。」班導師聽了，沉默一會兒便不再爭執了。這個假設句本來是一句廢話，既沒有肯定老師的觀點，也沒有否定自己的觀點，然而卻讓老師偃旗息鼓。為什麼呢？因為這個學生用的是假設句，他表達了放棄，老師當然會適可而止。由此可見。爭執不下的時候，不妨多用假設句來表達，這也是一種互給臺階下的方式。

第四，善於利用對方的虛榮心。有一次，解縉陪朱元璋釣魚，整整一天一無所獲。朱元璋十分懊喪，命解縉寫詩記下這一天的情況。這詩可怎麼寫呢？解縉不愧為才子，稍加思索，信口念道：「數尺綸絲入水中，金鉤抛去永無蹤。凡魚不敢朝天子，萬歲君王只釣龍。」朱元璋聽完，龍顏大悅。

第五，承認自己的錯誤。人際交往中，出現矛盾很正常，傷害了別人的人，多些自我反省，勇敢承認自己的錯誤，向受害人誠懇道歉，便不難化解矛盾。

你傷害過誰也許早已忘記，但是，被你傷害的人卻永遠不會忘記你。其實，給別人留個臺階，不傷別人的面子，也是給自己留面子。

攀比之風害人不淺

生活中，我們常常看到有人為了面子互相攀比，鋪張浪費。新人結婚時一定要大擺宴席，豪華名車成隊，知名人士捧場，彷彿不這樣就不算是結婚，就會非常沒有面子。

攀比之風害人不淺

其實，這樣的攀比風是萬萬要不得的。下面有個故事就正說明了這一點：

晉武帝時期，在京都洛陽，有一個超級大富豪石崇，可以算得上是富甲天下。但錢多了就壞事，財富讓他變成了一位極度虛榮的人。

為了炫耀自己的豪富，他特地派人到全國各地採集珍貴的奇花異草，在住宅的邊上造了一個有鮮花簇擁著的金谷園，園中又建造了一座精緻的綠珠樓，裡面有他用五斗珍珠買來的歌女。

南朝文學家劉義慶在《世說新語》中記載，大富豪石崇家的廁所比現在的五星級大飯店的臥房都闊氣，裝飾豪華自不必說，還備有甲煎粉、沉香汁等高級香料和化妝品，甚至還擺了一張絲紗帳的大床，用途為何，這就不得而知了。更令人瞠目的是，連廁所裡一天到晚都有十來個漂漂亮亮的小丫鬟，身穿華麗的衣裳，塗脂抹粉，打扮得花枝招展，輪流值班侍候前來上廁所的人。上完廁所後，她們就會讓你脫下身上的衣服，換上一件新衣服後才能出來。凡上過廁所，衣服就不能再穿了。

這樣的豪華的廁所，還弄出不少笑話。一次，一個叫劉實的人去拜訪石崇，上廁所時，見廁所裡有絳色蚊帳、墊子、褥子等極講究的陳設，還有婢女捧著香袋侍候，忙退出來，笑著對石崇說：「對不起！我不小心進了你的臥室。」

石崇聽了，哈哈大笑道：「你進去的正是廁所啊！」

那麼，石崇到底有多少錢呢？據《耕桑偶記》載，外國進貢火浣布，晉武帝制成衣衫，穿著去了石崇那裡。石崇故意穿著平常的衣服，卻讓從奴五十人都穿火浣衫迎接武帝。石崇的姬妾美豔者千餘人，他選擇數十人，妝飾打扮完全一樣，乍然一看，甚至分辨不出來。

石崇刻玉龍佩，又製作金鳳凰釵，晝夜聲色相接，稱為「恆舞」。每次召喚她們的時候，不稱呼姓名，而是聽佩聲看釵色。佩聲輕的居前，釵色豔的在後，次第而進。侍女各個口中含著異香，一笑香氣就從口氣中飄出。石崇又在象牙床上撒上沉香屑，讓所寵愛的姬妾踏在上面，沒有留下腳印的賜珍珠一百粒；如果留下了腳印，就讓她們節制飲食。

由此可知，石崇的富裕程度是常人無法想像的。

可當時還真有人不信他這一套，根本不把他放在眼裡。那就是王愷——當朝皇帝的舅舅。每次聽見別人說石崇如何如何富有，便怒從心頭起，有心跟他比一比。

為了顯示自己的富有，他家裡用糖水洗刷鍋子，並在家門口兩旁，用珍貴的細絲線編織成屏風，足足有四十裡長。人們要上王愷家，就必須走過這道長長的細絲線屏風。

石崇聽說後，便用比紫絲貴重的彩緞，鋪設了五十裡屏障，比王愷的屏障更長，更豪華。

兩個人爭來鬥去，王愷雖然低了一籌。但是他還不甘心甘休，便向晉武帝請求幫忙。這個晉武帝也是個唯恐天下不亂的主兒，聽到這樣的事情，他居然覺得很有趣，就把宮裡收藏的一株兩尺多高的珊瑚樹賜給王愷，好讓王愷在眾人面前誇耀一番。

王愷如獲至寶，連忙發出請帖，特地請石崇和一批官員上他家吃飯。宴席上，王愷得意地對大家說：「我家有一件罕見的寶物，請大家觀賞一番怎麼樣？」

說完命兩個侍女小心翼翼地捧出珊瑚樹。那株珊瑚有兩尺高，紅中帶粉、晶瑩透亮、枝條勻稱、稜角分明，是珊瑚中的上品。大家看了讚不絕口，都說真是一件罕見的寶貝。

可石崇只輕蔑地掃了一眼，站在一旁冷笑。他看到案頭有一支鐵如意，便順手抓起，將珊瑚樹劈裡啪啦敲了個粉碎。

官員們都大驚失色，王愷更是氣急敗壞，讓他賠「國寶」。石崇仰天大笑說：「這破玩意兒根本就不值得心疼，我現在就賠你一個。」立即命隨從回家去取。一下子搬來了幾十株珊瑚樹，三四尺高的就有六七株，株株條幹挺秀，光彩奪目，個個都是稀世珍品。王愷這才明白，自己家的財寶確實敵不過石崇，只得作罷。

家財天下第一，連皇帝都自嘆不如，石崇可謂掙足了面子，可他的下場又是什麼呢？

晉武帝死後，趙王司馬倫發動了宮廷政變，掌握了大權。正所謂一朝天子一朝臣，石崇的大靠山賈謐是司馬倫的死對頭，賈謐被殺後，石崇也只能任人宰割。司馬倫的中書令孫秀不但抄沒了他的所有家產，還直接判了他死刑。

就刑前，石崇仰天長嘆：「這個狗奴才是貪圖我的家財啊！」押送犯人的小官聽到石崇的嘆息，應聲道：「你早知道財貨傷身，為什麼還一心炫耀？怎麼不散結鄉里，收買民心？你有現在的下場，都是為了一個面子啊！」

像石崇這樣位高權重的人也為面子所害，窮人就更不必說了，因為人小勢微，對面子的追求越狂熱，下場必然越慘。

虛榮心容易使人沉淪，虛榮心像一個絢麗的夢，當你在夢中的時候，彷彿擁有了許多，但當夢醒來的時候，你就發現原來你什麼都沒有。

示弱有時勝過逞強

在一輛擁擠的公車上，一個彪形大漢因為有人踩了他的腳而怒氣衝天，他站起身，晃動著拳頭，正要砸向那個踩他腳的人。那人突然來了一句：「別打我的頭啊，我剛動了手術出院。」大漢聽了這話，頓時如斷了電的機器人一樣，高舉的手定格在半空中，然後如洩氣的皮球倒在自己的座位上。過了一會兒，大漢居然起身，要把自己的位子讓給那個踩了他的腳的人。

這一幕極具戲劇性的場景，是編者親眼所見。這令我想到了人與人之間的許多糾紛，不光只是靠講道理或比實力來解決的。有時候，主動扯下臉面示弱也是一種極其有效的化解方式。人都有一種爭面子當強者的心態，而要當強者至少有兩條途徑：與人角力鬥爭獲勝，可以滿足自己的強者心態；而對於弱者的遷就與照顧，實際上也滿足自己愛面子的強者心態。

人人都喜歡當強者，但強中更有強中手。一味地好強，自有強人來磨你，還不如在適當的時候示弱效果好。在強者面前示弱，可以消除他的敵對心理。誰願意和一個明顯不如自己的人計較呢？當「強」與「弱」出現明顯的差距時，自認為的強者若與弱者糾纏，實在是把自己的身分與地位降低。就像一個散打高手，根本就不屑於和一個文弱書生動手——除非在忍無可忍的情況之下。再舉一個例子，如果一個不懂事的小孩罵了你，你會和他對罵嗎？肯定不會，除非你也是一個小孩，或者你自願成為一個只有小孩心胸的成年人。

除了在強者面前要學會示弱外，在弱者面前我們也應該學會示弱。在弱者面前示弱，可以令弱者保持心理平衡，減少對方的或多或少的嫉妒心理，拉近彼此的距離。在弱者面前如何示弱呢？

例如：地位高的人在地位低的人的面前不妨展示自己的奮鬥過程，表明自己其實也是個平凡的人；成功者在別人面前多說自己失敗的記錄、現實的煩惱，給人「成功不易」、「成功者並非萬事大吉」的感覺；對眼下經濟狀況不如自己的人，可以適當訴說自己的苦衷，讓對方感到「家家有本難念的經」；某些專業上有一技之長的人，最好宣布自己對其他領域一竅不通，坦誠自己日常生活中如何鬧過笑話；至於那些完全因客觀條件或偶然機遇僥倖獲得名利的人，完全可以直言不諱地承認自己是「瞎貓碰上死耗子」。

曾有一位原記者去採訪一位原政治家，原本打算搜集一些有關他的一些醜聞資料，作一個負面的新聞報導。他們約在一間休息室裡見面。在採訪中，服務員剛將咖啡端上桌來，這位政治家就端起咖啡喝了一口，然後大聲嚷道：「哦！該死，好燙！」咖啡杯隨之滾落在地。等服務員收拾好後，政治家又把香菸倒著放入嘴中，從過濾嘴處點火。這時記者趕忙提醒：「先生，你將香菸拿倒了。」政治家聽到這話之後，慌忙將香菸拿正，不料卻將菸灰缸碰翻在地。政治家的整個做派，就像一個糊塗之極的老人，平時趾高氣揚的政治家出了一連串洋相，使記者大感意外，不知不覺中，原來的那種挑戰情緒消失了，甚至對對方懷有一種親近感。

其實，整個出洋相的過程，都是政治家一手安排的。政治家都是深諳人性弱點的高手，他們知道如何消除一個人的敵意。當人們發現強大的假想敵也不過於此，同樣有許多常人擁有的弱點時，對抗心理會不知不覺消弭，取而代之的是同情心理。人皆有惻隱之心，一旦同情某一個人，大多數人是不願去打擊他的。

在強者面前示弱，可以消除他的敵對心理。在弱者面前示弱，可以令弱者保持心理平衡，減少對方的或多或少的嫉妒心理，拉近彼此的距離。

有資格嘲笑的是自己

自嘲，顧名思義，就是自己嘲笑自己，自己「胳肢」自己，拿自己尋開心，讓別人跟著樂。

美國一位身材肥胖的女士曾經這樣自我解嘲：「有一次我穿上白色的泳裝在大海裡游泳，結果引來了俄羅斯的轟炸機，以為發現了美國的軍艦。」引得聽眾哈哈大笑。這種自揭其短、自廢武功的話語，使得大家根本就不會認為她的胖是醜，都將注意力集中在她的風趣上。結果，肥胖不再是她的劣勢，反而成為她的特點，使她在社交中遊刃有餘。

自嘲是一個人心境平和的表現。它能製造寬鬆和諧的交談氣氛，能使自己活得輕鬆灑脫，使人感到你的可愛和人情味，從而改變對你的看法。

李老師去上課，他剛推開虛掩著的門，門上掉下的一把掃帚正好打在他身上。面對學生的惡作劇，李老師並未火冒三丈，而是俯身撿起掃帚，輕輕拍了拍衣服，然後笑著對大家說：「看來我的工作問題不少，連不會說話的掃帚也向我表示不滿了。雖然這不一定是最好的表達方式，但對我敲打一下也未必不是好事。只是希望今後還是當面多提意見的好，我一定會虛心接受的。」李老師豁達大度的自嘲，既幫助自己擺脫了窘境，緩和了課堂的緊張氣氛，又和諧了師生關係，為惡作劇的學生創造了一個自我教育的機會。

人的一生，是很難一帆風順，事事順意的。面對各種缺陷和不快，自卑和唉聲嘆氣固然無補於事，一味遮掩辯解又會適得其反，最佳的選擇恐怕就是幽默的自嘲了。

君子處世要有大氣。所謂大氣，就是豁達，就是捨得。不斤斤計較，不過分認真，多想自己的缺點和無能，捨得拿自己尋開心。

有資格嘲笑的是自己

威廉對公司董事長頗為反感，他在一次公司職員聚會上，突然問董事長：「先生，你剛才那麼得意，是不是因為當了公司董事長？」

這位董事長立刻回答說：「是的，我得意是因為我當了董事長，這樣就可以實現從前的夢想，和董事長夫人同床共枕。」

董事長敏捷地接過威廉取笑自己的目標，讓它對準自己，於是他獲得了一片笑聲，連發難的人也忍不住笑了。

自嘲不傷害任何人，因而最為安全。你可用它來活躍氣氛，消除緊張；在尷尬中自找臺階，保住面子；在公共場合表現得更有人情味。總之，在社交場合中，自嘲是不可多得的靈丹妙藥，別的招不靈時，不妨拿自己來尋開心，至少自己罵自己是安全的，除非你指桑罵槐，不然不會討人厭，智者的金科玉律便是：不論你想笑別人怎樣，先笑你自己。

人不自嘲非君子。能夠捨得拿自己開玩笑的人，是一個自信、平和、睿智、討人喜歡的人。

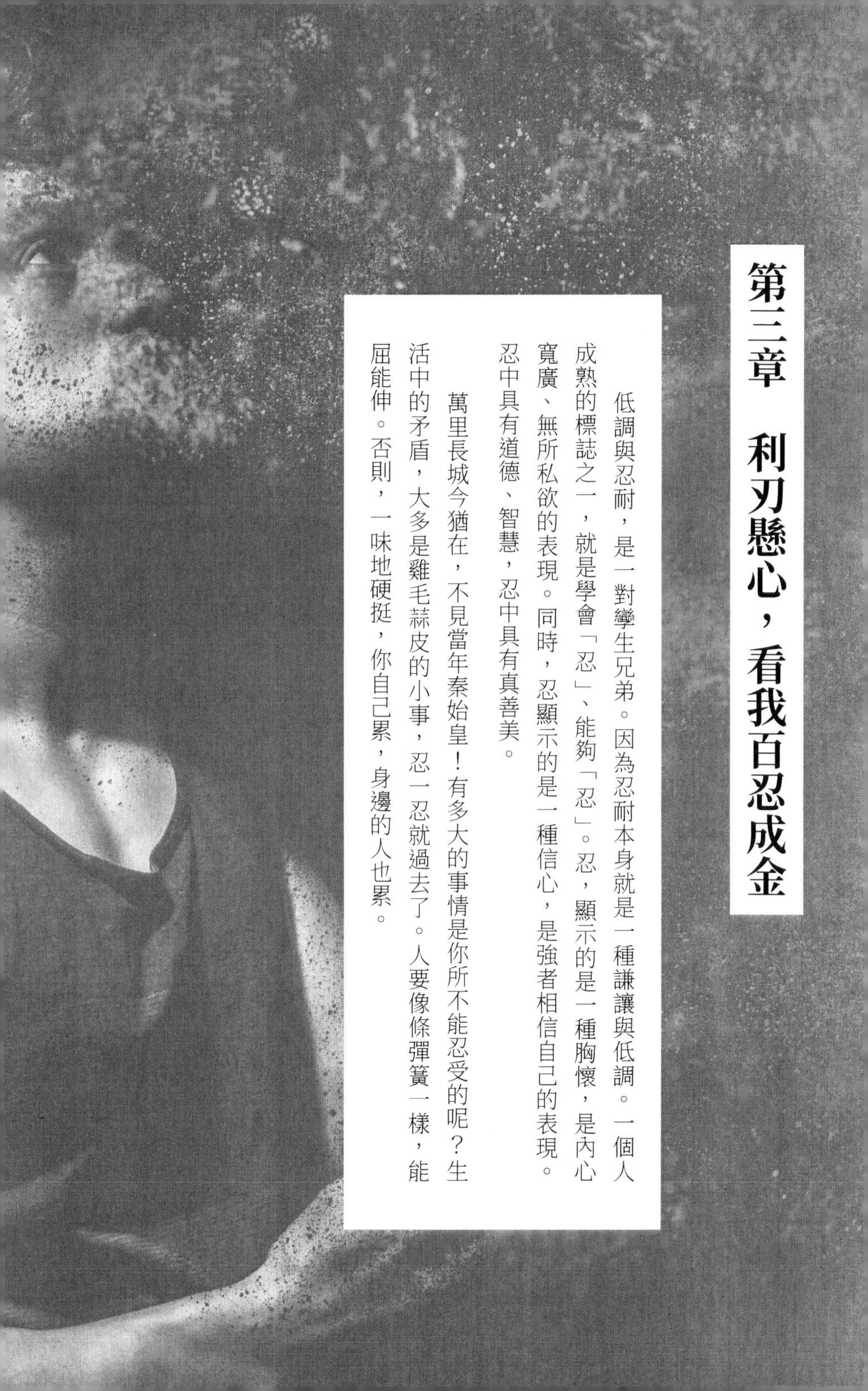

第三章　利刃懸心，看我百忍成金

低調與忍耐，是一對孿生兄弟。因為忍耐本身就是一種謙讓與低調。一個人成熟的標誌之一，就是學會「忍」、能夠「忍」。忍，顯示的是一種胸懷，是內心寬廣、無所私欲的表現。同時，忍顯示的是一種信心，是強者相信自己的表現。忍中具有道德、智慧，忍中具有真善美。

萬里長城今猶在，不見當年秦始皇！有多大的事情是你所不能忍受的呢？生活中的矛盾，大多是雞毛蒜皮的小事，忍一忍就過去了。人要像條彈簧一樣，能屈能伸。否則，一味地硬挺，你自己累，身邊的人也累。

莫惹仇恨袋

你不妨回想一下，過去了的多少的口角、爭鬥與矛盾是可以避免的呢？與陌生人的不小心的碰撞，妻子（丈夫）一句不經意的責怪……進而引起紛爭，並將戰火升級。諸如此類的生活瑣事，不勝枚舉。其實這些小事，只要稍稍忍耐一下，便會煙消雲散，天地清朗。

古人說得好：「忍一時之氣，免百日之憂。得忍且忍，得戒且戒；小忍不戒，小事成大。一切諸煩惱，皆從不忍生。」而在生活中，忍是醫治磨難的良方。因為生活中的瑣碎小事太多，一不小心就會招惹是非。遇事糊塗一點，忍一時風平浪靜，讓三分海闊天空。忍一時既是脫離被動的局面的對策，同時也是一種意志、毅力的磨練。

在古希臘神話中，有一個叫海克力士的大力士。一天，海克力士在山路上發現腳邊有個袋子似的東西很礙事，海克力士踩了那東西一腳，誰知那東西不但沒被踩破，反而膨脹了起來，加倍地擴大著。海克力士惱羞成怒，操起一根條碗口粗的木棒砸它，那東西竟然長大到把路給堵死了。正在這時，山中走出一位聖人，對海克力士說：「朋友，快別動它，忘了它，離開它遠去吧！它叫仇恨袋，你不犯它，它便小如當初，你侵犯它，它就會膨脹起來，擋住你的路，與你敵對到底。」

莫惹仇恨袋

其實，生活中我們也經常步入海克力士式的陷阱。遇到矛盾時，不少人不願意吃虧，步步緊逼，據理力爭，死要面子，認為忍讓就是沒有面子失了尊嚴，最終只能使得矛盾不斷的升級，不斷的激化。其實忍讓並不是不要尊嚴，而是成熟、冷靜、理智，心胸豁達的表現，一時退讓可以換來別人的感激和尊重，避免矛盾的加深，豈不更好。社會就像一張網，錯綜複雜，我們難免與別人有誤會或摩擦，要學會尊重你不喜歡的人，用寬容去漠視仇恨袋，那樣才會多一些和諧。

中國古代先賢歷來推崇處世要「忍讓」。孔子說：「小不忍則亂大謀。」荀子說：「志忍私，然後能公；行忍性情，然後能修。」蘇東坡也說過：「匹夫見辱，拔劍而起，挺身而鬥，此不足為勇也。天下有大勇者，卒然臨之而不驚，無故加之而不怒，此其所挾持者甚大，而其志甚遠也。」到了元代，吳亮和許名奎分別以「忍」為主題，寫作了《忍經》和《勸忍百箴》，以規勸世人提高「忍」的能力。那種遇事少謀，猝然而行，稍有不順，就乖扈動怒的人，難免會禍患自身。孔子曾告誡子路曰：「齒剛則折，舌柔則存，柔必勝剛，弱必勝強。好鬥必傷，好勇必亡。百行之本，忍讓為上。」唐朝著名的詩僧寒山曾問好友拾得：「今有人侮我、笑我、藐視我、毀我傷我、嫌惡恨我、詭譎欺我，則奈何？」拾得回答說：「但忍受之，依他、讓他、敬他、避他、苦苦耐他、不要理他。且過幾年，你再看他。」

因此，低眉順眼地忍耐是一種等待，為圖大業而等待時機成熟，忍之有道。這種忍，不是性格軟弱，忍氣吞聲、含淚度日之舉，而是的一種高明的謀略，是為人處世的上上之策。

忍一時之氣，免百日之憂。得忍且忍，得戒且戒；小忍不戒，小事成大。一切諸煩惱，皆從不忍生。

成大事者皆能忍

誰不想功成名就，誰不想轟轟烈烈幹一番驚天動地的大事業？可是這世界上能幹事的人不少，成大業的卻不多，究其原因，各方面，主客觀因素都有。比如要有良好的社會背景，有千載難逢的機遇，也要有智商、有文化、有修養等。其中，「忍」也是成就大業的必備心理素養。

日本前首相竹下登，在他的整個政治生涯中，無時無刻得益於他的忍耐精神。竹下登在談到他的經驗時說「忍耐和沉默」是他在協助老師佐滕榮做首相時所學到的政治風度。

孔子曰：「小不忍，則亂大謀。」也就是說想成大業、幹大事，就得忍住那些小欲望，或一時一事的干擾。說白了，就是「放長線釣大魚」。縱觀歷史，凡成就大事者莫不負重前行，忍字當頭。今人要想做一番事業，實現自己的人生理想，也必須學會忍耐。要忍得住一時的寂寞，耐得住一時之不公。具備了極大的忍耐力，方能戰勝自我，勇往直前，達到成功的彼岸。

據《史記．淮陰侯列傳》記載，韓信年輕時「從人寄食」，也就是說他沒有固定的工作與收入，以至於吃飯都只能到人家家裡去混飯吃、蹭飯吃；所以「人多厭之者」，即當地的人都很討厭他。想想也是，韓信作為一個血氣方剛的大男人，整天扛把劍，什麼也做不了，到處混飯吃，難免會招來輕蔑與侮辱。

在韓信經常去混飯人家中，最常去的是南昌亭長家（亭長的職位介於當今的鄉長與村長之間）。韓信因為經常去南昌亭長家裡混飯吃，亭長的老婆心裡開始不樂意了。然而要怎麼樣才能將韓信這個無業遊民拒之門外呢？女人自然有女人的辦法，這個亭長老婆半夜爬起來做飯，天亮之前全家人就把飯一掃而光。韓信早上起床，空著肚子來亭長家吃飯，一看飯已經吃完了，當然明白了人家的意思。韓信一賭氣，就和南昌亭長絕交了。

在當地，大家就都瞧不起韓信。有一天，淮陰市面上一個地痞看韓信不順眼，就挑釁韓信：「韓信你過來，你這個傢伙，個子是長得蠻高的，平時還帶把劍走來走去的，我看啊，你是個膽小鬼！」地痞這麼一說，呼啦啦就圍上來一大群人看熱鬧。地痞一見人氣正足，就想趁這個機會出出風頭，於是進一步挑釁：「韓信你不是有劍嗎？你不是不怕死嗎？你要不怕死，你就拿你的劍來刺我啊！你敢給我一劍嗎？不敢吧？那你就從我兩腿之間爬過去。」

這一下子將韓信逼入了一個面臨兩難選擇的境地——殺或爬？無論哪一個選擇，韓信都會很受傷。韓信是怎麼選擇的呢？司馬遷用三個字來描寫：「孰視之」，也就是盯著對方看。看了一陣子，韓信把頭一低，就從這個地痞的胯下爬過去了。惹得圍觀的眾人哄堂大笑。

正是這個人皆可辱的韓信，後來幫助劉邦成就了一番偉業，同時也成就了自己的功名。

相信司馬遷在寫到韓信遭受胯下之辱時，一定是思緒難平。因為司馬遷也同樣受過「胯下之辱」，而且，他受到的侮辱比韓信的還要沉重。他遭到宮刑——這更是一個男人難以承受的奇恥大辱，但司馬遷還是忍下來了。他堅強地活著，因為他要完成《史記》這部偉大的著作。

成大事者皆能忍

韓信能忍，作為韓信的老大，劉邦也同樣能忍。蘇軾在《留侯論》中云：「觀夫高祖之所以勝，而項籍之所以敗者，在能忍與不能忍之間而已矣。」讓我們來看漢高祖劉邦是如何「忍」的。

西元前二〇三年，韓信降服了齊國，擁兵數十萬，而此時劉邦正被項羽軍緊緊圍困在滎陽。這時早已重兵在手的韓信派使前來，要求漢王劉邦封他為「假齊王」，以鎮撫齊國。劉邦大怒說：「我在這兒被圍困，日夜盼著你來幫助我，你卻想自立為王！」張良、陳平暗中踩劉邦的腳，湊近他的耳朵說：「目前漢軍處境不利，怎麼能禁止韓信稱王呢？不如趁機立他為王，安撫善待他，讓他鎮守齊國。不然可能發生變亂。」漢王劉邦醒悟，又故意裝糊塗罵道：「大丈夫平定了諸侯，就該做個真王，何必做個假王呢？」於是就派遣張良前去宣布韓信為齊王，徵調他的軍隊攻打項羽軍。劉邦忍住怒氣，立韓信為齊王，徵調韓信的部隊，很快就扭轉了漢軍的不利地位，同時也安撫住了擁兵數十萬的韓信。假如他不忍，把韓信大罵一通，不封韓信為齊王，這樣不但可能失掉韓信，而且可能給自己帶來禍殃。

在一個強手如林的世界裡，忍是一種韌性的戰鬥，是一種低調做人的策略，是戰勝人生危難和險惡的有力武器。而忍是識大體、顧大局的表現。綜觀歷史，能成非常之事的人都懂得忍的意義。因此，清人金蘭生在《格言聯璧．存養》中說：「必能忍人不能忍之觸忤，斯能為人不能為之事攻。」

匹夫見辱，拔劍而起，挺身而鬥，此不足為勇也。天下有大勇者，卒然臨之而不驚，無故加之而不怒，此其所挾持者甚大，而其志甚遠也。

當心被人故意激怒

憤怒是一種激烈情緒的表現。狡猾的人會利用操縱別人的情緒，適時激怒別人，以達到自己的目的。因為人的血壓升高，智商一定下降。

在法庭辯論中，我們經常可以看到高明的律師故意去激怒對方，以便於打亂對方的思路，讓對方說出一些對己不利的話。現在從政的詹姆斯曾經是律師，他做律師時有一件法寶——激怒對方。他在法庭上如果碰上言簡意賅的對方證人，或碰上思路嚴謹的辯護人，就馬上設法激怒人家。一旦使對方上當，很容易說出一些本來不應該說的話，露出破綻。總之，對方一發脾氣，陣腳便亂了。詹姆斯在回憶他的律師生涯時，得意地笑道：「我最喜歡看到他們大發脾氣。他們一發脾氣，就鬆了勁，亂了陣腳，使自己陷入絕境。」

當心被人故意激怒

在生活與工作中，我們也會遇到被別人故意激怒的情況。小江有一次跟隨廠長與外商談判，因為廠長的一個疏忽而沒有取得預期的談判效果。回來後，廠長陷入了深深的自責之中。小江和同去的其他人員，也一直為談判失敗的原因保密。但架不住同事小張屢次當著大家的面一個勁地嘲笑小江「無能」。小江忍無可忍，終於將談判失敗的原因一一細數，表明是因為廠長的疏忽而非自己「無能」。雖然沒有當著廠長說這一番話，但可想而知，這話很快就傳到了廠長的耳朵裡了。結果，原本很有可能升為科長的小江，在競爭中敗給了小張。是小張在故意耍陰謀嗎？我們完全有理由這樣懷疑。我們假設小江當時糊塗一點，裝作沒有聽見小張的挑釁，或者再糊塗一點，乾脆就默認是自己的「無能」，結果又會如何呢？可惜，往事不容假設，教訓來得有點血淋。

忍字頭上一把刀，遇事不忍禍必招；如能忍住心中氣，過後方知忍字高。我們不妨來看看明代作家馮夢龍在《智囊》中記錄的一則佚事：

長州大戶尤翁，他開了三間典當鋪。年底某一天，忽聽門外一片喧鬧聲，出門一看，是位鄰居。站櫃臺的夥計上前對尤翁說：「他將衣服壓了錢，今天空手來取，我不給他，他就破口大罵，有這樣不講理的嗎？」鄰居仍氣勢洶洶，破口大罵。尤翁像沒有聽見咒罵一樣，和氣地對鄰居說：「這點小事，值得這樣嗎？」說完命店員找出典物，共有衣物蚊帳四五件。尤翁指著棉襖說：「這件衣服禦寒不能少。」又指著棉袍說：「這件給你拜年用，其他東西現在不急用，可以留在這兒。」鄰居拿到兩件衣服，無話可說，立刻離去。我們知道，生意人是在商言商，一般是不會講什麼情面的，像尤翁這樣的商人，為什麼就那麼糊塗了呢？尤翁告訴夥計說：「凡極度無理挑釁的人，一定有所依仗。如果在小事上不忍耐，那麼很容易惹上大的災禍。」果然，當天夜裡，鄰居竟死在別人家裡。他的親屬同那家人打了一年多的官司。原來鄰居負債多，已經服下毒藥，知道尤家富貴，想敲筆錢給家人日後用，結果沒有找到一個由頭，就火速趕到另外一家，和對方大吵後死在那裡。

尤翁當然不是諸葛亮，事先也不會清楚明晰地料到後果。但他善於忍讓、敢裝糊塗的性格，會幫他過濾掉不少災難。在生活中，我們也難免會碰到一些蠻不講理的人，甚至是心存惡意的人，有時還會無緣無故地遭到這種人的欺侮和辱罵。每當遇到這樣的事，常讓人覺得忍無可忍。可是，你想過有時別人正是想利用你的「忍無可忍」嗎？你不忍說不定正中別人下懷，中了別人的圈套。

忍字頭上一把刀，遇事不忍禍必招；如能忍住心中氣，過後方知忍字高。

如何控制自己的脾氣

人生難免遇到不如意的事情。許多人遇到不如意的事常常會生氣：生怨氣、生悶氣、生閒氣、生怒氣。殊不知，生氣，不但無助於問題的解決，反而會傷害感情，弄僵關係，使本來不如意的事更加不如意，猶如雪上加霜。更嚴重的是，生氣極有害於身心健康，簡直是自己「摧殘」自己。

德國學者康德說：「生氣，是拿別人的錯誤懲罰自己。」古希臘學者伊索說：「人需要平和，不要過度地生氣，因為從憤怒中常會產生出對於易怒的人的重大災禍來。」俄國作家托爾斯泰說：「憤怒使別人遭殃，但受害最大的卻是自己。」清末文人閻敬銘先生寫過一首《不氣歌》，頗為幽默風趣：

他人氣我我不氣，我本無心他來氣。
倘若生氣中他計，氣出病來無人替。
請來醫生將病治，反說氣病治非易。
氣之為害太可懼，誠恐因氣將命廢。
我今嘗過氣中味，不氣不氣真不氣！

美國生理學家愛爾馬，為研究生氣對人健康的影響，進行了一個很簡單的實驗：

把一支玻璃試管插在有水的容器裡，然後收集人們在不同情緒狀態下的「氣水」。結果發現：即使是同一個人，當他心平氣和時，所呼出的氣變成水後，澄清透明，一無雜色；悲痛時的「氣水」有白色沉澱；悔恨時有淡綠色沉澱，生氣時則有紫色沉澱。愛爾馬把人生氣時的「氣水」注射在大白鼠身上，不料只過了幾分鐘，大白鼠就死了。這位專家進而分析——如果一個人生氣十分鐘，其所耗費的精力，不亞於參加一次三千公尺的賽跑。人生氣時，體內會合成一些有毒性的分泌物。經常生氣的人無法保持心理平衡，自然難以健康長壽，活活氣死者也並不罕見。另一位美國心理學家斯通博士，經過實驗研究表明：如果一個人遇上高興的事，其後兩天內，他的免疫能力會明顯增強；如果一個人遇到了生氣的事，其免疫功能則會明顯降低。

生氣既不利於建立和諧的人際關係，也極有害於自己的身心健康，那麼，我們就應當學會控制自己，盡量做到不生氣，萬一碰上生氣的事，要提高心理承受能力。自己給自己「消氣」。要學會息怒，要「提醒」和「警告」自己：「萬萬不可生氣」，「這事不值得生氣」，「生氣是自己懲罰自己」，使情緒得到緩衝，心理得到放鬆。

把生氣消滅在萌芽狀態。要認識到容易生氣是自己很大的不足和弱點，千萬不可認

如何控制自己的脾氣

為生氣是「正直」、「坦率」的表現，甚至是值得炫耀的「豪放」。那樣就會放縱自己，真有生不完的氣，害人害己，遺患無窮。

從前，有個脾氣極壞的男孩，到處樹敵，人人都唯恐避之不及。男孩自己也為自己的脾氣而苦惱，但他就是控制不住自己。

一天，父親給了他一包釘子，要求他每發一次脾氣都必須用鐵錘在他家後院的柵欄上釘一個釘子。

第一天，小男孩一共在柵欄上釘了三十七個釘子。過了一段時間，由於學會了控制自己的憤怒，小男孩每天在柵欄上釘釘子的數目逐漸減少了。他發現控制自己的脾氣比往柵欄上釘釘子更容易，小男孩變得不愛發脾氣了。

他把自己的轉變告訴了父親。父親建議說：「如果你能堅持一整天不發脾氣，就從柵欄上拔掉一個釘子。」經過一段時間，小男孩終於把柵欄上的所有釘子都拔掉了。

父親拉著他的手來到柵欄邊，對小男孩說：「兒子，你做得很好。可是，現在你看一看，那些釘子在柵欄上留下了小孔，它們不會消失，柵欄再也不是原來的樣子了。當你向別人發脾氣之後，你的那些傷人的話就像這些釘子一樣，會在別人的心中留下傷痕。你這樣就好比用刀子刺向某人的身體，然後再拔出來。無論你說多少次對不起，那傷口都會永遠存在。其實，口頭對人造成的傷害與傷害人們的肉體沒什麼兩樣。」

有位脾氣暴躁的弟子向大師請教，「我的脾氣一向不好，不知您有沒有辦法幫我改善？」

大師說：「好，現在你就把『脾氣』取出來給我看看，我檢查一下就能幫你改掉。」

弟子糊塗了，說：「我身上沒有一個叫『脾氣』的東西啊。」

大師說：「那你就對我發發脾氣吧。」

弟子更糊塗了，說：「不行啊！現在我發不起來。」

「是啊！」大師微笑說，「你現在沒辦法生氣，可見你暴躁的個性不是天生的，既然不是天生的，哪有改不掉的道理呢？」

世上沒有絕對的公平

人之所以難以忍受，是覺得自己遭受了不公平的待遇，自己應該反抗。

我對你那麼好，你卻這樣對待我！

我沒有那樣做過，你也不能那樣；

世上沒有絕對的公平

我和他幹得一樣多，為什麼工資要少一大截？
上次吃飯是我買的單，這次還要我買？
……

誰會願意承受不公平呢？但人世間紛紛擾擾，又豈是「公平」二字能概括與規範得了的？渴求公平是人的一種正常心理。但我們要明白，這個世界從來就沒有絕對的公平。無論是自然界還是人類，都是一個沒有絕對公平存在的。鳥吃蟲子，對蟲子來說不公平；蟲子吃樹葉，對於樹來說是不公平的……只要環顧一下大自然，我們就會發現，很多事物是很難用公平來衡量的。如果要要求一切公平，那麼大自然立刻就會失去生機勃勃。

而生活中，生不公平，有人生於富貴人家，有人生於白屋寒門；死不公平，有人幼年夭折，有人壽比南山。佛家的解釋是前世的註定今生，今生註定來世。但今生的我並不能決定前世的善惡，卻要讓我今生來承受前世的因緣，這公平嗎？今生的我雖然可以決定來世的「我」，但來世的「我」和「他」又有什麼區別？——這同樣不見得怎麼公平。生與死都不公平，你憑什麼去要求處於生死之間的人生旅程中事事公平？

古羅馬政治家、哲學家塞內卡曾說：「生活是不公平的，而所謂的公平，則是把一切看得到的不公平掩埋起來。」把「一切看得到的不公平掩埋起來」，其實就是一種大智慧的糊塗。既然不公平絕對存在，那就不去計較，用平和之心待之。

領導在下班時對你說，小張，今天你加班。可是昨天你才加了班，同事都休息，怎麼今天又是自己？不公平吧？嗨，計較什麼公平不公平，糊塗一點，加班就加班吧，什麼都別說了。也許，你接連加兩天班後也會讓別人接連加班呢。也許，是領導看重你的能力給你鍛鍊的機會；也許，是領導忘記了你剛加班……也許，沒有也許。別想那麼多，糊塗，還是糊塗些好。

你還需要明白的是：公平需要放在一個較長的時間系統裡去看。唐僧師徒過了九九八十一難才取回真經，如果只過了八八六十四難，付出是付出了，但依然是沒有回報的。社會總體上是公平的，但我們不可能任何時候、地點，任何事情都強求絕對公平。山有高有低，水有深有淺。這個世界，不存在絕對的公平。如果我們事事要求公平，必然會鑽入牛角尖中。愛默生說「一味愚蠢地強求始終公平，是心胸狹隘者的弊病之一。」

最後總結一下編者對於「不公平」的觀點：一、世界上沒有絕對的公平；二、放在一個較長的時間系統裡去看，世界相對更公平。如果你真正明白了這些，今後再遇到所謂的「不公平」時，就能做到心平氣和地面對了。

生活是不公平的，而所謂的公平，則是把一切看得到的不公平掩埋起來。認為世界不公平的人，最應該反思的是自己是否以一顆公正的心對待世界？

最高境界：唾面自乾

「唾面自乾」是唐代名將、大臣婁師德傳下來的一段佳話。

有一年，婁師德的弟弟被任命為刺史。臨行前來到婁師德的家中，向其辭行，並詢問哥哥有沒有要交代的事情。

婁師德語重心長地說：「我現在是宰相，你又要擔任一方大員，榮寵至極。但這並不是好事，必定有一些人嫉恨我們。想要免受其害，我們要做的就是學會忍耐。」

他的弟弟馬上跪在地上說：「大哥，你放心，就算有人往我臉上吐唾沫，我也會自己擦乾淨，絕不跟他們計較。」

婁師德聽後，暗暗搖了搖頭，告誡弟弟說：「別人發怒後把唾沫吐在你的臉上，你一擦了之，他的怒氣仍不會消，一定繼續嫉恨你。要我看，別人往你臉上吐唾沫，你自己不要擦掉，應該讓它自然乾了才是。」

臉上被吐了唾沫，是一件讓人噁心不已、極受汙辱的事情，普通人往往勃然大怒，這是「是可忍，孰不可忍」的事。但是，智者卻不這樣認為，唾臉自乾似乎能產生更大的力量。

一天，一個脾氣暴躁的年輕人來到大德寺，找一休和尚。

他說：「禪師，我下定決心，從今天開始，決不跟任何人吵架或打架。就算有人向我吐痰，我會默默地把它擦掉，絕不揍那個人。」

一休說：「不，不，別人向你吐了痰，你可別擦掉，任它在身上自乾好了。」

年輕人不服氣地說：「這未免太強人所難了，讓吐到身上的痰自乾，我的耐心可沒那麼大。」

一休說：「這其實並不難。你不跟他發生糾紛，他卻向你吐痰，這種人簡直就是一隻蒼蠅。蒼蠅會停在糞便上，也會停在貴人或美人身上，肆無忌憚，目無法紀。抓住這種蒼蠅，罵它可惡，又有什麼用？給類似蒼蠅的人吐了痰，對你絕不造成什麼恥辱，何必為它而大怒？你不用為他而發脾氣，大可嘲笑他。」

年輕人又問：「要是有人莫名其妙地打我呢？」

一休回答說：「以同樣的態度對付他。」

話剛說完，年輕人朝著一休和尚光禿禿的頭，猛然打了一拳。

最高境界：唾面自乾

他瞪著一休和尚，問說：「怎麼樣？我這樣揍您，難道您不生氣？」

一休若無其事地笑了笑，說：「我的頭硬如石頭，你那麼用力一揍，恐怕傷手了吧？很痛吧？」

別人往自己臉上吐唾沫，沒有擦掉，讓唾沫自己乾了，表示受了侮辱，極度容忍，不加反抗。這樣做算了不起，有風度，有修養，高人一籌嗎？古人就是這樣認為的。其實當別人向臉上吐唾沫時，一般有三種反應：第一種是以其人之道，還治其人之身，將一口唾沫吐回去；第二種是將吐到臉上的唾沫馬上擦掉；第三種不吐還回去也不擦，讓它自己乾了。第一種有一種不甘示弱，勇於自衛還擊的戰鬥精神；第二種充滿了悲情，也顯示一種忍辱負重的深厚修養；第三種不是簡單的大丈夫行為或英雄壯舉，有藐視天下的悲壯感，昭示出一種高超的做人境界和風骨。

放下、回避，這是智者教給我們的處世之道。當人生的重負背不動時就放下，前面的路走不過去就回避開，繞著走。有時一個人就是另一個人的路障，如果是一塊石頭，能搬走就搬開，如果是大山，或者是懸崖，就要繞開走，前面還有很長的路，不要糾纏。這繞開走路的心裡磨練就要自己承受了，就像唾面自乾，是一種極深厚的人生修養。

帝王以忍得天下；將相以忍得長久；商賈以忍得富貴；常人以忍得知己。

過分忍讓也不可取

低調做人主張人們要在「忍」字訣上苦心修煉，但同時也提醒大家注意忍讓的分寸。事實上，過分的忍讓並不可取。一個人如果過分地忍讓，會給自己帶來許多的麻煩、痛苦甚至是恥辱；過分地忍讓，還會使忍讓者的骨骼中缺乏了「鈣」的成分，成了直不起腰的奴婢；過分地忍讓，也會使忍讓者缺乏活力，缺乏向前闖的勇氣……

具體來說，過分地忍讓會產生以下幾個負面的後果。

第一，如果一個人只會過分地忍、一味地忍，那麼他就會變成一個缺乏個性的人。人需要自己的個性，需要自己的風格，只有這樣才能使自己的人生豐富多彩。對於那些忍到家的人來說，只是為忍而忍，將忍看做是一種目的，而不是一種手段。因此，只是逆來順受，只會壓抑自己，自己想說的話不能說，自己想做的事不能做，處處受到干涉和阻止，一點都不能發展自己。這樣忍，是以犧牲自己的獨立人格和主體意識為代價的，因此，他們只能整天窩窩囊囊、無所作為地活著。這類人因為過於忍耐，其自我萎縮，缺乏鮮明的個性。

第二，如果一個人只會過分地忍、一味地忍，那麼，他們就容易變成守舊、毫無

過分忍讓也不可取

進取心的庸人。唐代學者劉禹錫詩曰：「流水淘沙不暫停，前波未滅後波生。」人生只有不斷地進取才能獲得成功。如果人以忍作為進取的一種方法和智謀，還是可取的。而有些人的忍，並不是為實現正義而做的一時妥協，並不是為實現自己遠大的目的而做的暫時的撤退，只是對傳統的習慣勢力、落後勢力的無限制的妥協和退讓。它是懦弱的表現，因而膽小如鼠，俯首帖耳於惡勢力之下。有時明明是正義站在他們這一邊，然而他們還是一個勁兒地往後縮，越來越變得膽小怕事、守舊，越來越缺少鬥爭勇氣，越來越缺乏進取精神。

第三，如果一個人只會過分地忍、一味地忍，那麼，這種老實過頭的結果就會讓人變得越來越帶有奴性，越來越自卑。有的人為什麼只會忍？就是缺乏自信。太自卑，對他人就只能無條件地順從、服從。如果這種忍的時間一長，變成習慣之後，就會很快地轉換成一種奴性，印刻在他的行為之中，時時、事事都得依靠他人，變得離開他人就無法生存似的，甚至連他本人都不知道自己為什麼要在世上生活下去。由於自我的極度萎縮，這種人越來越心安理得地忍，倘若離開了他人，倘若別人不弄出點事來讓自己忍，甚至會感到世界末日將要來臨一般。他們會越來越缺乏獨立性，會越來越看不到自己的長處，越來越自卑。

第四，如果一個人只會過分地忍、一味地忍，那麼，對個人來說也只會帶來矛盾和痛苦。過分的忍，實際上是人對社會的一種消極適應方式，是將個人在人生中遇到的所有矛盾、問題都由自己默默地承受。這種人不會宣洩，不會透過其他方式去化解矛盾，只會一個人在夾縫中生活，只會一個人躲在角落裡偷偷地掉淚。結果呢，矛盾越積越多，越積越深，也就越來越痛苦，既害了自己，又誤了別人。世界上本來有很多矛盾屬於「一點即破」的，然而一到了那些能忍、會忍的人身上，就聽任矛盾累積起來。於是，本來不複雜的，變成了相當複雜的，本來很容易解決的，就變得很難辦了。這類人，因為凡事過分地忍，其感情世界往往是最痛苦的，而且往往依靠個人的力量無法擺脫。

的確，如果忍讓濃濃地烙上了保守、落後、安命不爭、平庸、易滿足、缺乏進取心、衰老退化、奴性、軟弱、過於自卑等痕跡時，那麼，這樣的忍耐就變了味，一定叫人憋氣、叫人難受、叫人窩囊、叫人痛苦……為何？因為這種忍耐太缺乏時代精神，太缺乏人的進取精神，太缺乏人的主體意識，太缺乏人的骨氣，太缺乏人的生存意義和價值了。

過分忍讓也不可取

我們前面說做人要「忍」，現在又說「忍」不要過分，那麼，這個分寸該如何拿捏呢？

簡單地說，忍讓是保存自己力量的重要方法。當敵我之間的力量太懸殊，正義與邪惡之間的勢力太大時，忍讓，便作為一種最為明智的退卻方法，不硬拚，不消磨自己的「元氣」，不將把柄送到敵對勢力的手中，而是將力量慢慢地蓄積起來。這種忍讓，絕不是對傳統的習慣勢力、落後勢力的妥協和投降，而是一旦時機成熟，就會乘其不備，猛然一擊，讓那邪惡永不翻身。

忍讓不是目的，而是方法。不動聲色地將力量慢慢地蓄積起來，一旦時機成熟，即快如閃電出手。

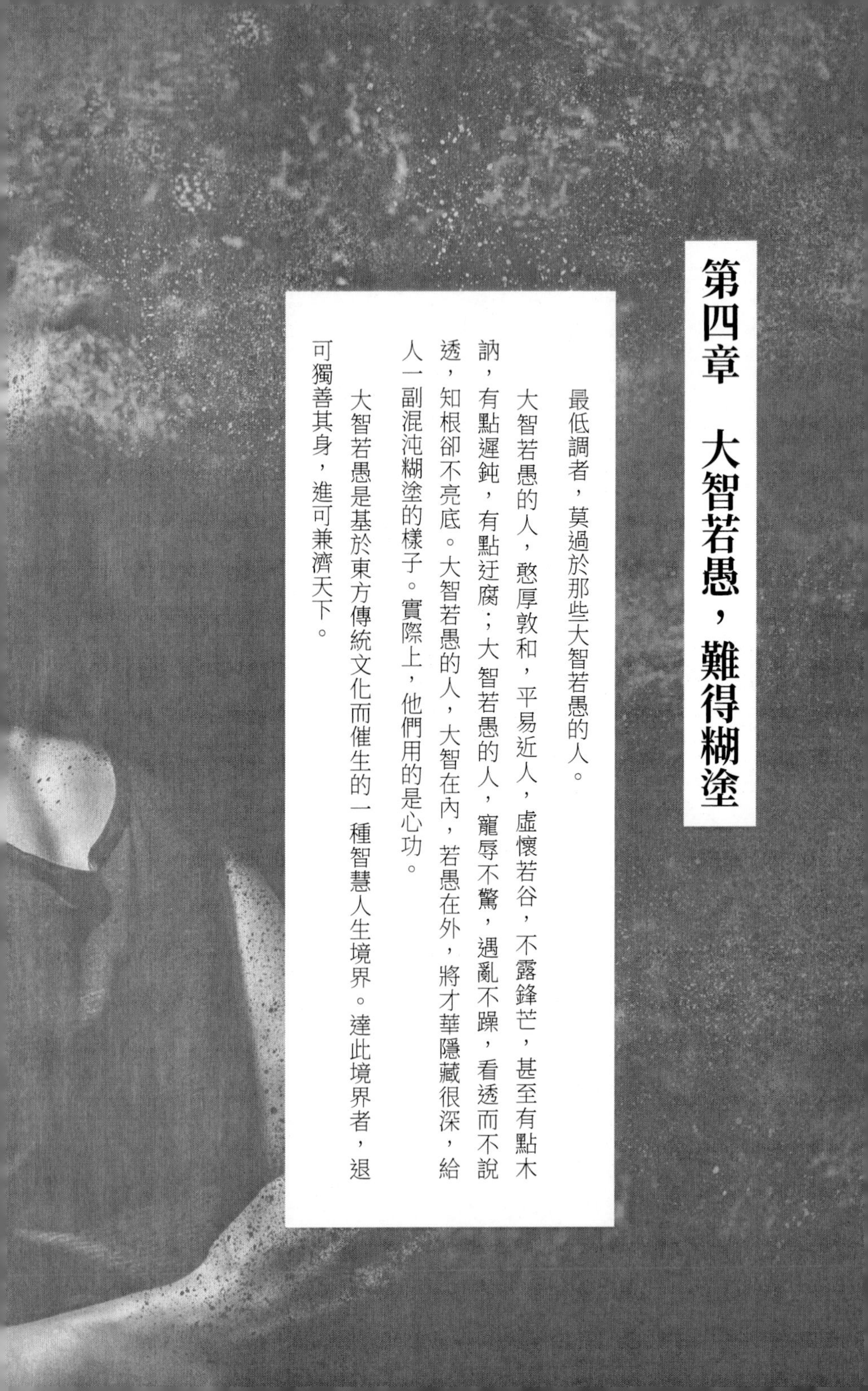

第四章　大智若愚，難得糊塗

最低調者，莫過於那些大智若愚的人。

大智若愚的人，憨厚敦和，平易近人，虛懷若谷，不露鋒芒，甚至有點木訥，有點遲鈍，有點迂腐；大智若愚的人，寵辱不驚，遇亂不躁，看透而不說透，知根卻不亮底。大智若愚的人，大智在內，若愚在外，將才華隱藏很深，給人一副混沌糊塗的樣子。實際上，他們用的是心功。

大智若愚是基於東方傳統文化而催生的一種智慧人生境界。達此境界者，退可獨善其身，進可兼濟天下。

大勇若怯，大智若愚

不可否認，愚、拙、屈、訥都給人以消極、低下、委屈、無能的感覺，使人放棄戒懼或者與之競爭的心理。但愚、拙、屈、訥卻是人為營造的迷惑外界的假像，目的是為了減少外界的壓力，或使對方降低對自己的要求。如果要克敵制勝，那麼可以在不受干擾、不被戒懼的條件下，暗中積極準備、以奇制勝，以有備勝無備。如果意圖在於獲得外界的賞識，愚鈍的外表可以降低外界對自己的期待，而實際的表現卻又超出外界對自己的期待，這樣的智慧表現就能格外出其不意，引人重視。「大智若愚」是在平凡中表現不平凡，在消極中表現積極，在無備中表現有備，在靜中觀察動，在暗中分析明，因此它比積極、比有備、比動、比明更具優勢，更能保護自己。

曾國藩涉足官場較早，對那些結黨營私、苟且求生、貪圖享樂的庸官俗吏瞭若指掌，他想做點利國利民的事情，但也不想得罪他人，以免招來閒話和災禍。特別是清王室對漢人有著強烈的排擠，使得他不得不小心翼翼、唯恐不測。曾國藩才華不及當時的左宗棠、李鴻章，他前期在與捻匪、太平軍抵抗中，大都以失敗而告終，甚至曾想過自殺。正是這樣，他把自己看成是愚魯笨拙之人，以「勤奮」修身、處事，加上他堅忍不拔、愈挫愈勇的精神，不以物喜、不以己悲的胸襟，嚴於律己、自強不息的個性，最終成就了他那個時代無人能及的功績。從這一點來看，他的智商和情商都算是超常的。他自稱「愚拙」，不事張揚，甚至不與朝中貴人交往，其實是一種自身保護。他一個漢人能在滿人掌政時期「出人頭地」，而沒被「槍打出頭鳥」，算是一種「大智若愚」的典範。

大智若愚在生活當中的表現是不處處顯示自己的聰明，做人低調，從來不向人誇耀自己、抬高自己，而做人原則是厚積薄發、寧靜致遠，注重自身修為、層次和素養的提高，對於很多事情持大度開放的態度，有著海納百川的心態，從來沒有太多的抱怨，能夠真心實在地踏實做事，對於很多事情要求不高，只求自己能夠不斷得到累積。很多時候，大智若愚伴隨的還有大器晚成，畢竟大智若愚要求的是不斷累積自己，就像玉胚不斷累積一樣，多年的累積所鑄就的往往是絕代珍品，出世的時候由於體積太大而需要精雕細琢，而不像外智那般的小玉一樣幾下子就可以雕琢出來，馬上能夠拿到市場賣個好價錢，然而，值得一提的是，大器晚成之後又往往都是無價之寶。

蕭何是劉邦的第一功臣，在漢高祖開創西漢王朝的大業中，蕭何忠貞不渝地追隨劉邦：他在沛豐起義中首任沛丞，劉邦屈就漢王時他任漢丞；西漢建國以後，他任漢皇朝的丞相，並享有「帶劍上殿，入朝不趨」的特權；在近三年的反秦戰爭中，他贊襄帷幄，籌措軍需，直到打下咸陽進入漢中；在四年之久的楚漢戰爭中，蕭何在後方精心經營，保證了兵源和軍需的充足供應。總之，危難關頭，他多次力挽狂瀾，使劉邦絕處逢生，其中膾炙人口的故事有「咸陽清收丞相府」、「力諫劉邦就漢王」、「收用巴蜀，還定三秦」、「月下追韓信」、「制定九章律」、「誘捕淮陰侯」等。蕭何以其超人的智慧、胸襟和氣魄為西漢王朝的創建和穩固建立了不朽的功勳。

漢朝建國以後，劉邦的江山漸漸穩定了，事過境遷，而蕭何的功勞有那麼大，劉邦對他自然會猜忌和懷疑。漢十二年初蕭何看到長安周圍人多地少，就請求劉邦把上林苑中的空閒土地交給無地或少地的農民耕種。本來是利國利民的一件小事，不料使劉邦龍顏大怒，以受人錢財為由，將蕭何關進大牢。困惑莫名的老丞相，出了監牢，才明白自己犯了「自媚於民」的錯誤。淮南王黥布造反，劉邦御駕親征，蕭何留守京城。戰爭中，劉邦不斷派使者回來，回來一次就一定要去見蕭何，問候蕭何。蕭何的幕僚警告他：「君滅族不遠矣。」蕭何一聽此言，如五雷轟頂，方明白自己已有了功高蓋主之嫌，再繼續做收攬民心的事情就必然引起皇帝的疑心，招來殺身之禍。於是，他就利用權勢以極低的價格強買民田民宅，激起民怨。終於使劉邦將他看做為子孫謀利，胸無大志的人物。劉邦回到京城，收到了一大堆平民百姓告蕭何的狀子，然後對蕭何放心了許多。

縱觀蕭何的一生，他大智若愚、忍辱負重、任勞任怨、克勤克儉、安撫天下，用心之良苦，鮮有與之比肩者。

蘇軾在《賀歐陽少師致仕啟》中說：「力辭於未及之年，退托以不能而止，大勇若怯，大智若愚。」唐代的李贄也有類似觀點：「蓋眾川合流，務俗以成其大；土石並砌，務以實其堅。是故大智若愚焉耳。」中國古代的道家和儒家都主張「大智若愚」，而且要「守愚」。這都是在告訴我們要虛懷若谷、身藏不露，低調做人，不要處處顯示自己的聰明，不要向人炫耀自己、抬高自己，否則會引來嫉妒、排擠，甚至殺身之禍。

外智而內愚，實愚也；外愚而內智，大智也。外智者，工於技巧，慣於矯飾，常好張揚，事事計較，精明幹練。吃不得半點虧。內智者，外為糊塗之狀，上善斤斤計較，事事算大不算小，達觀，大度，不拘小節。智愚之別，實力內外之別，虛實之分。

聰明過頭就是愚蠢

在金庸筆下的《射雕英雄傳》裡，大英雄郭靖就是一個「傻乎乎」的人，沒有心機、心術，沒有人生技巧與策略，然而，他學到了天下最高的武藝——「降龍十八掌」，成為頂天立地的武林高手。與之相比，他的伴侶黃蓉，雖然聰明，卻沒有郭靖的那麼一股執著的傻勁兒，結果她只學到了撥弄「打狗棒」的粗淺功夫。可見，但凡取得大成就的人，正是那些精明而又不外露的人。

誰都希望自己聰明，聰明的人希望自己更加聰明，沒有人願意自己是個傻子。聰明不是壞事，但自以為聰明，總認為自己了不起，往往就會做出「聰明反被聰明誤」的事情來，那可就是最愚蠢不過了。

不知看過《紅樓夢》的人是否會記住這句話：「機關算盡太聰明，反誤了卿卿性命。」這可謂是王熙鳳結局的大寫照。它告訴我們的生活哲理是：人聰明點是好事，太聰明就未必是好事了。雖然王熙鳳只是一個小說中的人物，可生活中倒真不乏這類角色：「嘴甜心苦兩面三刀，上頭一臉笑，腳下使絆子，明是一盆火，暗是一把刀。」

有一個叫吉姆的人，他很自私，經常說謊話，常常使用鬼點子欺騙別人。很多人都被他捉弄過，但是都拿他沒辦法。

一次，他出門遠行，要坐很長時間的火車。想買臥鋪票，又嫌價格太貴，於是，他就想占用兩個人的座位當臥鋪用。

他早早到達火車站排隊，站在了檢票口的最前面。檢完票後，他便快步跑上火車，揀了一個靠窗的位子坐下，然後又把自己的行李放在旁邊的座位上，靠在上面裝睡。

車上的人越來越多，越來越擠，很多人都站著，可是，吉姆卻裝作沒看見，繼續靠在行李上。旅客問他行李是誰的，他總說是別人的。

有一位聰明的教授猜出吉姆是在撒謊，於是就想戲弄他，給他一個教訓。

吉姆是個煙鬼，從上火車開始就想去吸煙室吸煙，因為怕別人占他的位子，一直忍著沒去。後來，他實在忍不住了，就離開座位去了吸煙室。

吉姆離開後，那個聰明的教授把吉姆的行李都挪到了坐席底下和貨架上，然後讓一位老太太坐在那個座位上。

吉姆回來後，發現行李被挪走了，就理直氣壯地問那個老太太：「你把行李放到哪裡去了？」站在旁邊的教授很有禮貌地回答：「先生，剛才行李的主人說他有急事要辦，已經在前一站下車了，他託付我把他的行李帶到下一站丟掉。」

吉姆聽了，想說行李是自己的，又不好意思說，怕周圍的人取笑他。

下一站快到了，那位教授開始整理吉姆的行李，準備把行李送下車，吉姆開始阻攔，教授說：「這是別人的行李，您怎麼阻攔我呢？」

吉姆支吾了半天，也沒說出一句話，眼睜睜地看著別人把他的行李丟了下去。隨後，他便不得不悻悻地隨著行李下了車，雖然他還沒有到達自己的目的地。

吉姆下車後，車廂裡的旅客禁不住發出了一陣哄笑。

——這真是聰明反被聰明誤！

精明也要十分，只須藏在渾厚裡作用。古今得禍，精明者十居其九，未有渾厚而得禍者。今人之唯恐精明不至，乃所以為愚也。

裝傻是一種本領

人們常說：傻人有傻命。為什麼呢？因為人們一般懶得和傻人計較——和傻人計較的話自己豈不也成了傻人？也不屑和傻人爭奪什麼——贏了傻人也不是一件什麼光彩的事情。相反，為了顯示自己比傻人要高明，人們往往樂意關照傻人。因此，傻人也就有了傻命。

美國第九屆總統威廉．亨利．哈里森出生在一個小鎮上，他兒時是一個很文靜又怕羞的老實人，以至於人們都把他看成傻瓜，常喜歡捉弄他。他們經常把一枚五分硬幣和一枚一角的硬幣扔在他的面前，讓他任意撿一個，威廉總是撿那個五分的，於是大家都嘲笑他。

有一天一位可憐他的好心人問他：「難道你不知道一角要比五分值錢嗎？」

「當然知道，」威廉慢條斯理地說，「不過，如果我撿了那個一角的，恐怕他們就再沒有興趣扔錢給我了。」

你說他傻嗎？

《紅樓夢》中的另一主要人物薛寶釵，其待人接物極有講究。元春省親與眾人共敘同樂之時，制一燈謎，令寶玉及眾裙釵粉黛們去猜。黛玉、湘雲一干人等一猜就中，眉宇之間甚為不屑，而寶釵對這「並無甚新奇」，「一見就猜著」的謎語，卻「口中少不得稱讚，只說難猜，故意尋思」。有專家們一語破「的」：此謂之「裝愚守拙」，因其頗合賈府當權者「女子無才便是德」之訓，實為「好風憑藉力，送我上青雲」之高招。這女子，實在是一等一的裝傻高手。

真正的聰明人在適當的時候會裝裝傻。明朝時，況鍾從郎中一職轉任蘇州知府。新官上任，況鍾並沒有急著燒所謂的三把火。他假裝對政務一竅不通，凡事問這問那，瞻前顧後。府裡的小吏手裡拿著公文，圍在況鍾身邊請他批示，況鍾佯裝不知所措，低聲詢問小吏如何批示為好，並一切聽從下屬們的意見行事。這樣一來，一些官吏樂得手舞足蹈，都說碰上了一個傻上司。過了三天，況鍾召集知府全部官員開會。會上，況鍾一

裝傻是一種本領

改往日愚笨懦弱之態，大聲責罵幾個官吏：某某事可行，你卻阻止我；某某事不可行，你又慫恿我。罵過之後，況鍾命左右將幾個奸佞官吏捆綁起來一頓狠揍，之後將他們逐出府門。

「裝傻」看似愚笨，實則聰明。人立身處事，不矜功自誇，可以很好地保護自己。即所謂「藏巧守拙，用晦如明」。

「愚不可及」這句話已經成為生活中的常用語，用來形容一個人傻到了無以復加的程度。但要是查一下出典，此話最早還出於孔子之口，原先並不帶貶義，反而是一種讚揚：「子曰：『甯武子，邦有道則知，邦無道則愚。其知可及也，其愚不可及也。』」

（《論語．公冶長》）

甯武子是春秋時代衛國有名的大夫，姓甯，名俞，武是他的謚號。甯武子經歷了衛國兩代的變動，由衛文公到衛成公，兩個朝代國家局勢完全不同，他卻安然做了兩朝元老。衛文公時，國家安定，政治清平，他把自己的才智能力全都發揮了出來，是個智者。到衛成公時，政治黑暗，社會動亂，情況險惡，他仍然在朝做官，卻表現得十分愚蠢魯鈍，好像什麼都不懂。但就在這愚笨外表的掩飾下，他還為國家做了不少事情。所以，孔子對他評價很高，說他那種聰明的表現別人還做得到，而他在亂世中為人處世的那種包藏心機的愚笨表現，則是別人所學不來的。其實，真正學不到的是甯武子的那種不惜裝傻以利國利民的情操。

在我們的周圍，總發現有些人處處喜歡表現自己。固然，愛表現自己沒有錯，但在有些場合下，這卻是一個缺失，會把某些關係搞糟，會把某些事情搞壞。比如，你的上司在場的場合裡，一旦遇有困難或問題需要解決，只要不是上司點名讓你談看法、拿意見，一般來說，你切不可唐突發言滿懷自信地談你的看法，並提出處理意見。因為很多情況下，上司需要維護自己的面子、需要展現出自己的高明，所以，你最好裝傻，多分析問題，而把解決問題的點子，讓給上司，其結果是——問題解決了，也展現了上司的高明。那麼，久而久之，你的上司一定喜歡和你一起共事，也會漸漸地欣賞你。反之，遇事總顯得你比上司高明，那麼上司的面子往那裡放？若是讓上司覺得你擋光，他還會把你放在前臺嗎？

裝傻是一種大智慧、大謀略。懂得裝聾作啞的人，要少惹多少是非啊。

大智若愚在生活當中的表現是不處處顯示自己的聰明，做人低調，從來不向人誇耀自己抬高自己，做人原則是厚積薄發，寧靜致遠，注重自身修為、層次和素養的提高，對於很多事情持大度開放的態度，有著海納百川的心態，從來沒有太多的抱怨，能夠真心實意地踏實做事，對於很多事情要求不高，只求自己能夠不斷得到累積。

難得糊塗，懶得較真

「難得糊塗」出自清代畫家鄭板橋的手筆，原文書法怪異而大氣，後加小字注為「聰明難，糊塗難，由聰明轉入糊塗更難。放一著，退一步，當下心，安非圖，後福可報也。」

「難得糊塗」這四字箴言通俗易懂，因而廣為流傳，至今成為許多人處世待人的原則和方法。

但是，往往看起來越是簡單易行的東西做起來就越難，「難得糊塗」就是如此。多少年來，許多人都以「難得糊塗」作為處世做人的箴言，但真正領悟出其中真意的人卻是少之又少。因為「難得糊塗」並非努力就能做到的，努力做到的糊塗也有，但它看起來更像是裝糊塗而非「難得糊塗」。

「難得糊塗」是對小恩小怨的不執著、不計較，是性存忠厚，是對弱小者的體恤寬容，是一種良好的道德修養。縱觀世人，多對人斤斤計較，對別人的缺點用放大鏡來看，連毛孔粗細都瞧得個真真切切、明明白白，而對於自己，卻是糊里糊塗，從不曾拿個照妖鏡來照照自己又是何方神聖，這是人性的弱點。若世人都能換個視角，對自己多檢點，對別人「難得糊塗」，從此天下太平矣！當然，這種「難得糊塗」是用在善良弱小或是親朋好友的小毛病、小缺點或是內部矛盾上，在大是大非面前是絕不可「難得糊塗」的，這也是一個做人的準則問題。

難得糊塗，人才會清醒，才會清靜，才會有大氣度，才會有寬容之心。可見，難得糊塗不是真糊塗，而是不糊塗。

一個人在處世、生活中學會難得糊塗，會在很多方面受益無窮：

第一，避免矛盾和紛爭。生活中的許多小事，如果我們採取難得糊塗的態度，睜一隻眼閉一隻眼，很容易小事化了。而如果你一點都不糊塗，一是一，二是二，矛盾、紛爭、甚至流血犧牲都有可能發生。生活中有很多精明的人總是喜歡揪別人的辮子，抓別人的缺點，以為這樣做可以顯示自己比他人高明。實際上，這種語言、行為上的絲毫不糊塗，卻是造成兩個人關係疏遠、分道揚鑣甚至成為仇敵的根本原因。

第二，可以使自己心態平和。與人交往、處世的關鍵要使心情愉快，而心態平和是心情愉快的前提，難得糊塗就可以使一個人心態平和。如果你是一個牙尖嘴利、眼尖手快的人，你必然會發現一些別人注意不到的東西，如果你一笑置之，不加追究，不久你就會忘掉這些東西；而一旦如果你覺得自己無法不站出來、非要給他人一個昭示的話，既弄得他人滿心不快活，恐怕連你自己的心也難以平靜下來。

一個老和尚和一個小和尚來到河邊，一個年輕女孩正猶豫著如何過河，看到和尚們來了，便求和尚幫助。老和尚念了一聲「善哉」，便抱著女孩過了河，女孩千恩萬謝地走了。走了相當長一段路，小和尚突然問：「出家人，不近女色，師父你犯戒了。」老和尚哈哈大笑道：「我就早放下了，怎麼你還抱著？」小和尚臉紅耳赤。

很多人在處世時就像這個不懂真諦的小和尚，總不自覺地使自己的心態處於不平和之中。

第三，與己方便。人常說：「給人方便，與己方便。」難得糊塗無非就是給人方便，給人方便，人就會對你也方便。兩個過於精明的人就像兩隻正在酣鬥的公雞一樣，非要分出個你勝我負來，這於雙方的身心是沒有什麼益處的。

糊塗如一挑紙燈籠，明白是其中燃燒的燈火。燈亮著，燈籠也亮著，便好照路；燈熄了，它也就如同深夜一般漆黑。燈籠之所以需要用紙罩在四周，只是因為燈火雖然明亮但過於孱弱，還容易灼傷他人與自己，因此需要適當地用紙隔離，這樣既保護了燈火也保護了自己和別人。明白也需要糊塗來隔離。給明白穿上糊塗的外套，既需要處世的智慧，又需要處世的勇氣。很多人一事無成，痛苦煩惱，就是自認為自己明白，缺乏「裝糊塗」的明白與勇氣。

其實糊塗者哪裡是真的糊塗，他們只是因為看清了、看透了，明白與清醒到了極致，在俗人的眼裡才成了糊塗而已。

糊塗如一挑紙燈籠，明白是其中燃燒的燈火。燈亮著，燈籠也亮著，便好照路；燈熄了，它也就如同深夜一般漆黑。燈籠之所以需要用紙罩在四周，只是因為燈火雖然明亮但過於孱弱，還容易灼傷他人與自己。

稀里糊塗者不吃虧

一個人稀里糊塗、不「清醒」地活著，往往就會一生平安、幸福坦然。相反，一個人太清醒、事事過於用心，就容易遭人暗算。

《菜根譚》中說：「舌存常見齒亡，剛強終不勝柔弱；戶朽未聞樞蠹，偏執豈能及圓融。」牙齒較之於舌頭，自然是堅硬剛強的，可是它們卻經不起蟲蛀菌噬，常被腐蝕得不堪入目，直至完全脫落，而柔軟的舌頭雖經酸甜苦辣，卻毫髮無損，安然無恙。以過於剛強之勢對人對事，以強權逼迫過分，不能掌握適可分寸，便會物極必反，進取過了頭必會招來災禍。

隋代薛道衡，十三歲即能講《左氏春秋傳》。隋文帝時，做內史侍郎，隋煬帝時任潘州刺史。大業五年，被召還京，上《高祖頌》，隋煬帝不悅，說：「僅是文辭華麗而已。」拜司隸大夫。隋煬帝自以為文才甚高，不想讓眾人超過自己。御史大夫乘機說薛道衡自負才子名，不把皇上看在眼裡，這是有造反之心。隋煬帝便把薛道衡處以了絞刑。

當然，這裡面主要還在於隋煬帝驕縱，但是，在我們的現實生活裡，我們周圍的人，誰能保證個個都善良無比呢？

人人都有自尊心，兩個人在一起，如果一個人特意地在對方面前表現自己，這樣的大露光彩只能導致兩個結果：使對方倍加自卑，不願同你來往；使對方倍加生氣，決定要煞一煞你的威風。

佛蘭克林年輕時十分毛躁，什麼事都喜歡出風頭。有一次，一位老朋友把他叫到一旁，尖刻地訓斥了他一頓：「你真是無可救藥。你已經打擊了每一位和你意見不同的人。你的意見變得太珍貴了，沒有人承受得起。你的朋友發覺，如果你在場，他們會很不自在。你知道得太多了，沒有人再能教你什麼，也沒有人打算告訴你些什麼，因為那樣會吃力不討好的，而且又弄得不愉快。因此，你不能再吸收新知識了，但你的舊知識又很有限。」

佛蘭克林的優點之一，就是他接受教訓的態度。同時，他已經能成熟、明智地領悟到他的確是那樣，也發覺他正面臨失敗和社交悲劇的命運。於是，他決定立刻改掉傲慢、粗野的習慣。

「我立下一條規矩，」佛蘭克林後來回憶說道，「絕不准自己太武斷。我甚至不准自己在文字或語言上有太肯定的意見表達，比如『當然』、『無疑』等，而改用『我想』、『我假設』、『我想像一件事該這樣或那樣』或『目前，我看來是如此』。當別人陳述一件事而我不以為然時，我絕不立刻駁斥他或立即指正他的錯誤。我會在回答的時候，表示在某些條件和情況下，他的意見沒有錯，但在目前這件事上，看來好像稍有兩樣等等。我很快就領會到我這種改變態度的收穫。凡是我參與的談話，氣氛都融洽得多了。我以謙虛的態度來表達自己的意見，不但容易被接受，更減少了一些衝突。我發現自己有錯時，我沒有什麼難堪的場面。而我自己碰巧是對的時候，更能使對方不固執己見而贊同我。我最初採用這種方法時，確實和我的本性相衝突，但久而久之就逐漸習慣了。

也許五十年來，沒有人聽我講過些什麼太武斷的話，這是我提交新法案或修改舊條文能得到同僚的重視，而且在成為民眾協會的一員後具有相當影響力的重要原因。我不善辭令，更談不上雄辯，遣詞用字也很遲疑，還會說錯話，但一般說來，我的意見還是得到廣泛的支援。」

正如洪應明在《菜根譚》一書中所說：「藏巧於拙，用晦而明，寓清於濁，以屈為伸，真涉世之一壺，藏身之三窟也。」做人寧可顯得笨拙一些，也不可顯得太聰明；寧可收斂一下，也不可鋒芒畢露；寧可隨和一點，也不可自命清高；寧可退縮一點，也不可太積極前進。

漢朝有名的遊俠郭解就是一個很能藏鋒露拙、大智若愚的人物。在洛陽有一位男子因與人結怨而處境困難，許多人出面當和事佬，但對方一句話也聽不進去，最後只好請郭解出面，為他們排解這場糾紛，郭解晚上悄悄造訪對方，熱心地進行勸服，對方就逐漸讓步了。

這時候如果是一般人，一定會為自己的成功而沾沾自喜，急於示人。但郭解不同，他對那接受勸解的人說：「我聽說你對前幾次的調解都不肯接受，這次很榮幸能接受我的調解。但是，我作為一個外地人，卻壓倒了本地有名望的人，成功地調解了你們的糾紛，實在是有違常理。因此，我希望你這次就當我是調解失敗，等到我回去，再由當地有威望的人來調解時才接受，怎麼樣？」

郭解的做法異於常人，但卻是一種使自己免遭眾人嫉恨的明智之舉。既保護了自己，又留下了為人稱道的美名。誰又能說郭解不是大智慧者呢，那些極力顯示自己才能的人，不過是耍小聰明罷了。

黑夜使眼睛失去它的作用，但卻使耳朵的聽覺更為靈敏。當你失去所有身外的價值時，別忘了你還有生命的價值。

眼睛不妨「看不清」

人生在世，煩惱多過髮絲。而這些煩惱，不少是源於「看」——看到同事對上級的諂媚，看到妻子的對家務的敷衍，看到朋友在背後耍小聰明……「我」看見了，看清了，心理上自然有了抵觸與憤怒，行為上也很難抑制住對那些「不良」行為的討伐。可以想像，這種狀態下與同事、妻子、朋友之間的關係難免會緊張。

有些人在陷入人際關係不和諧的泥潭時，會嘗試控制自己對「不良」行為的討伐，

眼睛不妨「看不清」

試圖以此營造與外界和諧的美好氛圍。但這樣做的結果只有兩個。其一，為了維持表面的和諧，「我」陷入壓抑與克制自己真實內心之苦悶中，明明自己看不慣，還要假裝自己看得慣，不是委屈自己嗎？其二，當壓抑與克制到難以克制時，「我」會突然猛烈爆發，結果鬧出更大的不快。

編者在剛走向社會的時候，就遭遇過以上所提及的困境。那時，我總喜歡把導致責任歸咎於他人，很少想自己哪裡做得不對。有一次看到一句話：如果你發現你身邊的一切都是錯的，那麼錯的一定是你自己。想想這句話，還真是有道理。於是便向一位和藹的長者討教為人處世的技巧。長者聽完我的傾訴後，說：「年輕人啊，你的苦惱來自於你的視力太好了。」

我不解。

長者哈哈地笑著繼續說：「你看，我現在是老花眼，看不清同事對上級的諂笑，看不清老婆子打掃的瑕疵，也看不清朋友的小聰明，所以也就眼不見心不煩。」

原來，年長的人要比年輕人更平和冷靜，是源於歲月洗禮下的「看不清」。而這種「看不清」，表像是視力的糊塗，實質是內心的明白——明白這個世界上永遠存在不盡如人意的地方，明白過細的較真只是令自己徒增煩惱。而內心一旦明白，其外在表現就糊塗了，接下來與外界也和諧了。

古人云：「甘瓜苦蒂，物不全美。」又云：「金無足赤，人無完人。」俄國哲學家、作家車爾尼雪夫斯基有一句名言：「既然太陽上也有黑子，人世間的事情就更不可能沒有缺陷。」即使是太陽下也有陰暗的角落，人身邊的世界不可能總是那麼乾淨亮堂？夢中的情人也許會很完美，現實中的愛人卻多少有些缺陷或者缺點；廣告中的商品也許會很完美，真正用起來卻往往不盡如人意。四大美女夠完美了吧，但據有關史料表明：有「沉魚」之美的西施耳朵比較小，有「落雁」之姿的王昭君的腳背肥厚了些，有「閉月」之顏的貂蟬有點體味，有「羞花」之容的楊玉環略胖了些……你要是看得太清楚了，豈不是一件大煞風景的蠢事？

在《紅樓夢》中，賈雨村進入智通寺時，在門前看到一副破舊對聯：「身後有餘忘縮手，眼前無路想回頭。」這無疑是一句睿智的醒世良言，想必寺裡住著的是一個「翻過筋斗來的」明白人，可當賈雨村進寺門後，他看到的不是一個容貌端詳、白須飄飄、言語睿智的高僧，而是一個「既聾且昏，齒落舌鈍，所答非所問」的煮飯老僧。這個老僧看上去是個明顯的糊塗之人。這時候，還真不知道哪個是明白者，哪個是糊塗人。

其實，世道之中，誰又能分得清哪個是明白，哪個是糊塗？

眼睛不妨「看不清」

霧裡看花最美麗。事事要看得清清楚楚是一件痛苦的事，它就像是毒害我們心靈的毒藥。因為這個世界本來是以缺陷的形式呈現給我們的，並不是完美的，過去不是、現在不是、將來也不是。我們如果事事清楚明白，那無疑是自討苦吃。

臺灣著名女作家羅蘭認為：當一個人碰到感情和理智交戰的時候，常會發現越是清醒，就越是痛苦。因此，有時候對於一些人和事「真是不如乾脆糊塗一點好」。人生在世，數十寒暑，不過彈指一揮間，所有生命都無一例外，既短暫又寶貴，卻仍有許許多多的人，活得無聊，活得煩惱。

我們的先哲認為混沌就是世界的本源，鴻蒙之初無所謂天與地，亦無所謂有真假。現代科學也認為，最初的地球上沒有空氣與生命，最原始的生命體在雷電中產生，在海洋中生存發展，爾後才進化成現在這樣的大千世界。可見，天道人事，從終極意義而言，無不歸於混沌，歸於糊塗。

先哲老子就極為推崇「糊塗」。他自稱「俗人昭昭，我獨若昏；俗人察察，我獨悶悶」。而作為老子哲學核心範疇的「道」，更是那種「視之不見，聽之不聞，搏之不得」的似糊塗又非糊塗、似明白又非明白的境界。

耳朵不妨「聽不見」

呂端在做北宋參政大臣、初入朝堂的那天，有個大臣指手畫腳地說：「這小子也能做參政？」呂端佯裝沒有聽見而低頭走過。

有些大臣替呂端打抱不平，要追查那個輕慢呂端的大臣姓名，呂端趕忙阻止說：「如果知道了他的姓名，怕是終生都很難忘記，不如不知為上。」呂端對付「記得」的招數，直接乾脆是「不聽」。沒有聽見，就無所謂記得不記得了。

這個世界似乎很嘈雜，我們的耳膜裡總是充斥著各種各樣的聲音。有些聲音讓你開心，有些聲音讓你尷尬，有些聲音會讓你惱火……

有一位叫露絲的美國女士，她喜歡說的一句話是：「你說什麼我沒聽到哦。」這句話，給她的生活與事業帶來了雙豐收。

露絲在自己舉行婚禮的那天早上，她在樓上做最後的準備，這時，她的母親走上樓來，把一樣東西放在露絲手裡，然後看著她，用從未有過的認真對露絲說：「我現在要給你一個今後一定用得著的忠告，那就要你必須記住，每一段美好的婚姻裡，都有些話語值得充耳不聞。」

耳朵不妨「聽不見」

說完後，母親在露絲的手心裡放下一對軟膠質耳塞。正沉浸在一片美好祝福聲中的露絲十分困惑，不明白在這個時候塞一對耳塞到她手裡究竟是什麼意思。但沒過多久，她與丈夫第一次發生爭執時，便明白了老人的苦心。「她的用意很簡單，她是用一生的經歷與經驗告訴我，人生氣或衝動的時候，難免會說出一些未經考慮的話，而此時，最佳的應對之道就是充耳不聞，權當沒有聽到，而不要同樣憤然回嘴反擊。」露絲說。

但對露絲而言，這句話產生的影響絕非僅限於婚姻。作為妻子，在家裡她用這個方法化解丈夫尖銳的指責，修護自己的愛情生活。作為職業人，在公司她用這個方法淡化同時過激的抱怨優化自己的工作環境，她告誡自己，憤怒、怨憎、忌妒與自虐都是無意義的，它只會掏空一個人的美麗，尤其是一個女人的美麗，每一個人都可能在某個時候會說出一些傷人或未經考慮的話。此時，最佳的應對之道就是暫時關閉自己的耳朵——你說什麼，我沒聽到哦……

明明聽到了，卻要說沒聽到，並做到「沒聽到」的境界，當然不是那麼容易。但正是因為不容易，才區分出一個人情商的高低。你也許不能一下子就躍升到露絲的境界，但不妨從現在起、從對待身邊的人起，嘗試一次「聽不到」，然後再嘗試一次……

萬事開頭難，但開頭之後，再刻意堅持堅持，或許就「習慣成自然」了。心理專家認為改掉舊習慣、養成新習慣只需要二十八天。也許，你改掉喜歡計較他人說的話的習慣，只需要二十八次「聽不到」就可以養成新的習慣。不信，你試試。

心中太明白了，就犯糊塗了，再糊塗一些就明白了，再明白一些，又真糊塗了。真糊塗了，那才是大智慧呀。

說話不妨「講不透」

我們從小被教育做人要「知無不言，言無不盡」，意思是知道的就要說，要說就毫無保留地說。但長大後卻發現，這句箴言是有問題的。首先，什麼是「知」，是「真知」還是你所「知」？其次，如果什麼都「知無不言，言無不盡」的話，人豈不成了一臺不知停歇的喇叭？再者，無所顧忌的「言」，難免變成傷人的刀。

鄰居老張和妻子打架，令老張臉上掛彩。有好事者問你老張傷從何來。你「知無不言」地說明來由，有必要嗎？然後還「言無不盡」地傳播他們之所以打架的原委，不是多事嗎？一句「不太清楚啊。」回答，不是很好。要是好事者繼續誘導你：「聽說是老張妻子發飆……」你裝糊塗，一句「是嗎？我不清楚。」給打發了，不是很好嗎？

無關緊要的事情，要講得那麼清楚透澈幹嘛？不但自己累，還容易招來別人的怨恨。人人都有好面子的心理，只是程度的深淺有所差別而已。張三手腕上的名錶你一看就是假貨，在他吹噓多麼名貴時，你點破他有什麼好處？還不如裝裝糊塗，附和一二句，反正假錶又不是戴在你手上。

夫妻間吵架，要你去評理。你還真的把自己當公正的法官，問清事情的來龍去脈，「知無不言，言無不盡」地把誰是誰非分析得頭頭是道。結果，被你分析得沒有道理的人不服，爭吵繼續。吵架過後，先是一方怨恨你，等到他們夫妻和好，怨恨你的說不定變成了兩個。這樣的例子屢見不鮮，真是何苦呢！人家的家務事，你判得清？還不如一上場就抹稀泥，做一個糊塗的和事佬。

在聖誕節，一位帶著禮物的聖誕爺爺問小鄧肯：「小朋友，猜猜聖誕爺爺給你帶來什麼禮物了？」小鄧肯嚴肅地說：「世界上根本就沒有聖誕爺爺，你是假的聖誕爺爺。」聖誕爺爺覺得這個小女孩很可愛，就逗她：「要相信聖誕爺爺的小朋友才有糖果吃噢。」小鄧肯回答：「我才不稀罕糖果呢。」

小鄧肯因為小，直言直語還透著些許童言無忌的可愛。但成年人生活中一些看似坦率的實話，實在沒有必要全部實說。有時候，善意的謊言是生活的希望，是沙漠中的綠洲。在美國著名作家歐·亨利的小說《最後一片葉子》裡，講述的就是一個善意的謊言的故事。當生病的老人望著凋零衰落的樹葉而淒涼絕望時，充滿愛心的畫家用精心勾畫的一片綠葉去裝飾那棵乾枯的生命之樹，從而維持一段即將熄滅的生命之光。這難道不是謊言的極致嗎？

說了那麼多，並非鼓勵大家遇到任何事情都不表態、做個堅定的滑頭，而是要告訴大家不要被一些世俗小事牽絆住，一味地求真。遇到大的原則問題，「知無不言，言無不盡」是不二選擇。只是，人的一生，真正遇上的原則問題又有多少呢？

「難得糊塗」是一劑除惑之良藥，直切人生命脈。按方服藥，即可貫通人生境界。所謂一通則百通，不但可除去了心中的滯障，還可臨風吟唱、拈花微笑、衣袂飄香。

往事不妨「記不得」

「小雨，對不起，我說過一定要賺一百萬才回來見你，但是我沒有……」一對久別的戀人重逢，男的對女的這麼說。

「是嗎？我怎麼不記得了。」女的回答。

往事不妨「記不得」

「我不應該指責你貪財，是我不對。」男的繼續懺悔。

「你有這樣的指責嗎？我怎麼不記得了。」女的回答。

男的一定是有過這樣的誓言與指責，但女的已經「不記得」了。無論他們之間的感情是否還在，「不記得」都是一種最好的回答。在「不記得」的基礎上，可以重新開始，也可以就此結束。在荷爾蒙的刺激下，哪對戀人之間沒有兌不了現的諾言？哪對戀人之間沒有磕碰與口角？

世界上最恐怖的莫過於這樣一種人，只要他一打開話匣子，就嘮嘮叨叨沒個完，張家長李家短，多少年前的陳芝麻爛穀子，像本帳簿，記得一筆不漏。有時我挺納悶的，人的大腦到底有多大的空間？能貯藏多少記憶？七八十歲的老人，孩童時的事情仍記憶猶新。電腦還得點擊檢索，人腦則張嘴就來，彷彿幾十年前的事情就含在嘴裡，隨時可以準確無誤地傾吐。其實也不盡然，同是一個人，有些事情又轉瞬即忘，甚至幾天前說的話，做的事，竟然忘得一乾二淨。那麼，我們記住什麼？忘記什麼？

我們以人世間最普遍存在的恩仇來說吧，有人記恩不記仇，也有人記仇不記恩。一個人，只要看看他一生中記住些什麼，忘記些什麼，就能大體上觀察出他的心胸、氣度和人品。記恩不記仇的人，一般都豁達大度，為人磊落，感恩而不計前嫌；記仇不記恩的人，一般都胸懷狹隘，心境陰暗。

健忘是一種糊塗。但健忘的人生未嘗不是一種幸福。因為人生並不像期望的那麼充滿詩情畫意，那麼快樂自在。人生中有許多苦痛和悲哀、令人厭惡和心碎的東西，如果把這些東西都儲存在記憶之中的話，人生必定越來越沉重，越來越悲觀。實際上的情景也正是這樣。當一個人回憶往事的時候就會發現，在人的一生中，美好快樂的體驗往往只是瞬間，占據很小的一部分，而大部分時間則伴隨著失望、憂鬱和不滿足。

人生既然如此，健忘一點、糊塗一些有什麼不好呢？它能夠使我們忘掉幽怨，忘掉傷心事，減輕我們的心理重負，淨化我們的思想意識；可以把我們從記憶的苦海中解脫出來，忘記我們的罪孽和悔恨，利利索索地做人和享受生活。

過去了的，就讓它過去吧。記憶就像一本獨特的書，內容越翻越多，而且描敘越來越清晰，越讀就會越沉迷。有很多人為記憶而活著，他們執著於過去，不肯放下。還有一些人卻生性健忘，過去的失去與悲傷對他們來說都是過眼雲煙，他們不計較過去，不眷戀歷史，不歸還舊賬，活在當下，展望未來。

當然，人不能全部將過去忘記。別人對你的好，你要記得。我們該忘記的，一是過去的仇恨。一個人如果在頭腦中種下仇恨的種子，夢裡都會想著怎麼報仇，他的一生可能都不會得到安寧。二要忘記過去的憂愁。多愁善感的人，他的心情長期處於壓抑之中而得不到釋放。愁傷心，憂傷肺，憂愁的結果必然多疾病。《紅樓夢》裡的林黛玉不就是如此嗎？在我們生活中，憂愁並不能解決任何問題。三要忘記過去的悲傷。生離死別，的確讓人，傷心。黑髮人送白髮人，固然傷心；白髮人送黑髮人，更叫人肝腸欲斷。一個人如果長時間的沉浸在悲傷之中，對於身體健康是有很大影響的。與憂愁一樣，悲傷也不能解決任何問題，只是給自己、給他人徒添煩惱。逝者長已矣，存者且偷生。理智的做法是應當學會忘記悲傷，盡快走出悲傷，為了他人，也為了自己。

「人生不滿百，常懷千歲憂」，有何快樂可言？在生活中選擇「健忘」的人，才活得瀟灑自如。當然，在生活中真的健忘，丟三落四，絕非樂事。我們說學會「健忘」，是說該忘記時不妨「忘記」一下，該糊塗時不妨「糊塗」一下。

「難得糊塗」是一劑處惑之良藥，直切人生命脈。按方服藥，即可貫通人生境界。所謂一通則百通，不但除去了心中的滯障，還可臨風吟唱、拈花微笑、衣袂飄香。

糊塗是明白的昇華，是看透不說透的涵養，是超脫物外、不累塵世的氣度，是行雲流水、悠然自得的瀟灑，是整體掌握、抓大放小的運籌，是甘居下風、謙讓闊達的胸懷，是百忍成金、化險為夷的韜略。

中篇　事業有成源於高視闊步

取乎其上，得乎其中；取乎其中，得乎其下；取乎其下，則無所得矣。——古諺．點石成金，滴水成河。——民諺

吃得苦中苦，方為人上人。——《官場現形記》第一回

精誠所至，金石為開。——《初刻拍案驚奇》卷九

寧肯孑然而自豪地獨守信念，也莫不辨是非地隨波逐流。——邱吉爾

南朝時一個叫鮑照的人，出身卑微卻胸懷大志。他投奔當時聲名顯赫的臨川王劉義慶，卻未受到重用。於是他想到向劉義慶獻詩以表明自己的才能，不料此舉被朋友極力勸阻。朋友說：「你現在地位很卑下，最好還是別輕易觸犯劉義慶。」鮑照大聲地說：「歷史上有才華卻懷才不遇的落魄人士，實在是數不勝數，就像蘭草與艾草混合一處，不被人識；大丈夫豈能隱藏自己的聰明才智，終日碌碌無為，同燕雀之輩相廝守呢！」

鮑照執意將自己的詩文呈獻劉義慶。劉義慶讀完鮑照的詩文後，對鮑照極為欣賞，先是賜給鮑照二十匹帛，不久又將他提拔為國侍郎。

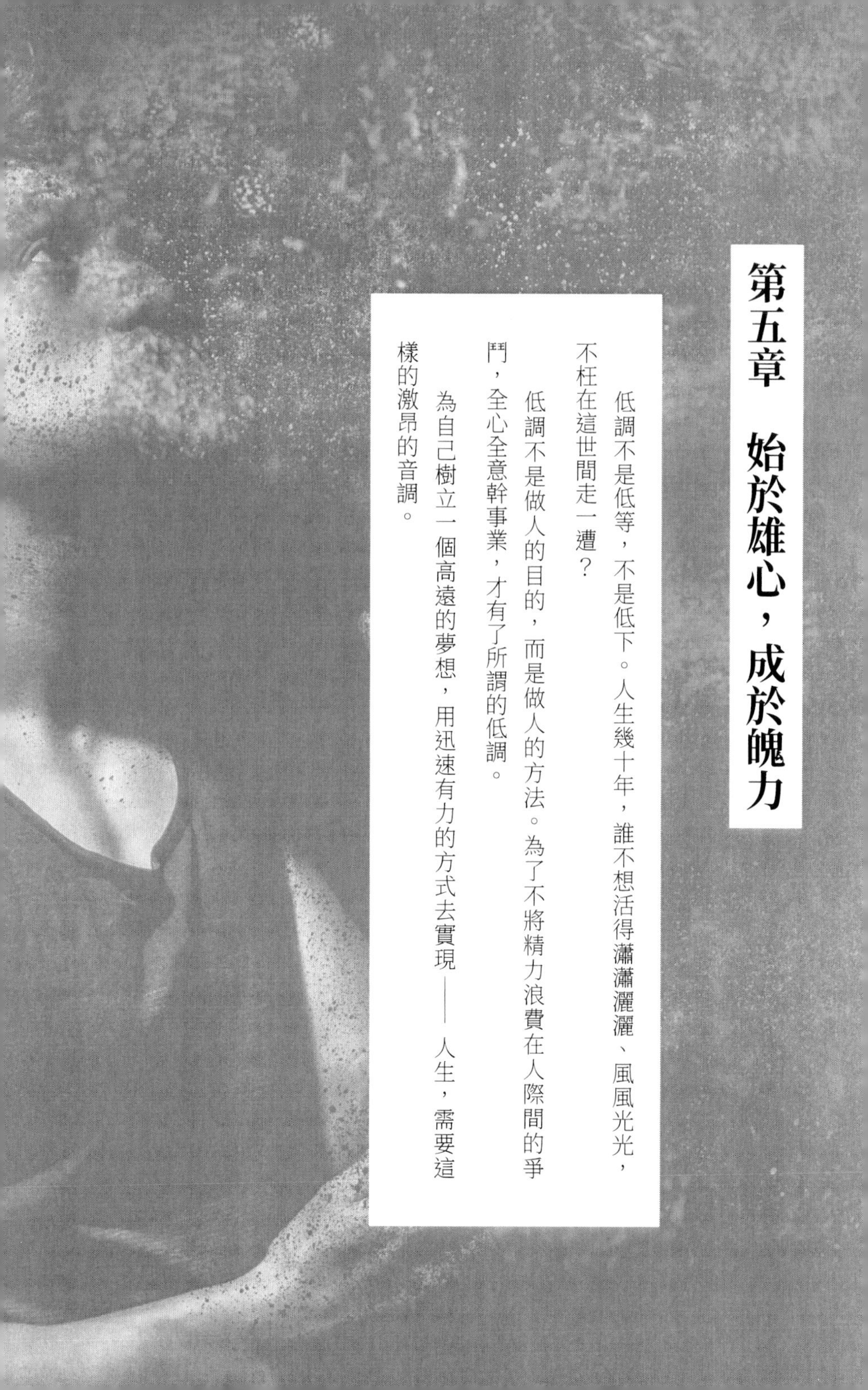

第五章　始於雄心，成於魄力

低調不是低等，不是低下。人生幾十年，誰不想活得瀟瀟灑灑、風風光光，不枉在這世間走一遭？

低調不是做人的目的，而是做人的方法。為了不將精力浪費在人際間的爭鬥，全心全意幹事業，才有了所謂的低調。

為自己樹立一個高遠的夢想，用迅速有力的方式去實現——人生，需要這樣的激昂的音調。

莫做「窮忙族」

現如今，社會上出現了一個新名詞——「窮忙族」。意思是指那些薪水不多，整日奔波勞碌，卻始終無法擺脫貧窮的人。

據網路調查顯示，百分之六十點九的人認為窮忙族拼命工作卻得不到回報、看不到太多希望的主要原因，是社會壓力過大，競爭激烈；百分之四十八點九的人認為原因是「窮忙族」缺少合理的人生和職業規畫；百分之三十九點五的人認為是由於起點太低機會太少；百分之二十六的人認為是太急於求成、反而容易受挫；百分之二十四點五的人認為是盲從、隨大流造成的；百分之十八點八的人認為是由於耐心不夠。

綜合分析，可以得知，窮忙族之所以窮，主要原因之一是「瞎忙」、沒有目標。他們隨大流，繞圈子，瞎忙空耗，終其一生。其實，在生活中，一幕幕「悲劇」在上演，皆因缺乏自己的人生目標。

法國科學家約翰．法伯曾做過一個很有名的「毛毛蟲實驗」。他在一隻花盆的邊沿上擺放一些毛毛蟲，讓他們首尾相接圍成一個圈，與此同時在離花盆周圍一百五十公釐的地方撒了一些牠們最喜歡吃的松針。由於這些蟲子天生有一種「跟隨」的習性，因此牠們一直跟著一隻同伴，繞著花盆邊一圈一圈的行走。時間慢慢地過去，一分鐘、一小時、一天……毛毛蟲就這樣固執地繞圈子，一直走到底。在連續七天七夜之後，牠們饑餓難當，精疲力竭，結果全部死亡了。

約翰．法伯在做這個實驗前曾經設想：「毛毛蟲會很快厭倦這種毫無意義的繞圈而轉向牠們比較愛吃的食物。」遺憾的是毛毛蟲並沒有這樣做。導致這種悲劇的原因就在於毛毛蟲的盲從，牠們總習慣於固守原有的本能、習慣、先例和經驗。毛毛蟲付出了生命，但沒有任何成果。其實，如果有一隻毛毛蟲能夠破除尾隨的習慣而轉向去覓食，就完全可以避免悲劇的發生。

一位博士去插秧，插完後，他發現秧苗參差不齊，便去向農民請教。農民說，因為你沒有一個可以參照的目標，因此漂浮不定。博士受啟發後，把秧苗全部拔起來，重新插過。第二次插完後，他發現秧苗排成了一條弧線。他再次向農民請教。農民語重心長地對他說，你目標短暫而且並不堅定，那插出來的秧苗怎會直呢。最後，博士選定了遠方的一棵大樹，第三次插秧結果自不必說。這說明，一個穩定、堅固的目標是很重要的。

雖然目標是有待將來實現的，但目標能使我們把握住現在。《花卉錄》有云：「剪枝要狠，開花才穩。」只有橫下一條心來，一心一意地為實現自己的目標而努力，不為誘惑所動，不為困難所退，目標就一定能夠得以實現。

「偉大的目標構成偉大的心。」人之所以偉大，是因為樹立了偉大的目標。偉大的目標可以產生偉大的動力，偉大的動力導致偉大的行動，偉大的行動必然會成就偉大的事業。因此，只有擁有一個遠大的目標，才能夠高瞻遠矚，取得大的成功。

設定目標，可以讓人產生積極的心態，看清使命，產生動力；設定目標，可以使人集中精力，把握現在；設定目標，可以使人產生信心，勇氣和膽量；設定目標，可以使人不斷地完善自我，永不停步……

一個沒有理想與目標的人，在思想上往往偏於保守；在行動上，常常想維持現狀。

志當存高遠

「人沒有理想和條鹹魚有什麼區別？」這是一句被很多人傳誦的著名臺詞。在電影《少林足球》中，連一雙鞋都沒有的周星馳振振有詞地對大師兄說了這句話。誰知道遭

志當存高遠

到大師兄的反唇相譏：「你鞋子都沒有一雙，不就和鹹魚一樣咯！」

大師兄還不到三十歲吧，那麼年輕就失去了對生活的憧憬。似乎人的年齡越大似乎越沒理想。工作幾年後的年輕人，每天做著同樣的工作，拿著一份「餓不死也撐不著」的工資。理想逐漸在無聊中消磨殆盡，「理想」這個詞再也不會像年少那樣掛在嘴邊（再說理想可能要被「大師兄」嘲笑）。

現在的你呢，肯定不會連「鞋子都沒有一雙」吧？理想還有嗎？志向還在嗎？

人生不是買彩票，就算是買彩票中獎，在運氣的背後，又有著多少的艱辛計算呢？智利詩人聶魯達說：「每次偶然的際遇都是早有安排。」在我們的人生中，所有看似的神話與奇蹟，其實大都來源於精心細緻的準備，而給這種準備以力量的，毫無疑問，正是遠大的目標與志向。

有些人沒有高遠的志向，他們對於生活的前路顧慮重重，甚至自暴自棄。所以，在生活中，他們總是走走停停，蹣跚而行，也總不免磕碰得頭破血流，卻依舊抱殘守缺，不思進取。

另外一些人，站在高高的山岡上，懷揣著一顆滾燙熱血的雄心，向遼遠的天空投眼望去。縱然他人笑罵誤解，縱然前路霧滿迷津，他們依舊如斯，眼觀寰宇，神思太極。

任何的東西都無法阻擋他們的視界。

而我們每一個人，在人生的行徑上，也應該向上面所說的一樣，給自己的飛行尋找一個心靈的高度。只有這樣，我們的人生才不會墮入庸常的河流，或者如雪泥鴻爪般，倉促得不值一提。

大鵬一日同風起，扶搖直上九萬里。一個人想做一番事業，始於志氣。清末重臣李鴻章在二十三歲時曾作言志詩：「丈夫只手把吳鉤，意氣高於百尺樓；一萬年來誰著史，三千裡外覓封侯。」而和他同在一個時代的重臣左宗棠，在二十四歲時作有一首言志對聯：「身無半畝，心憂天下；讀破萬卷，神交古人。」李鴻章立志做大官（覓封侯），終平步青雲、爵位顯赫；左宗棠立志做大事（憂天下），終平叛定亂、戰功顯赫。不同境界的志向，造就了不同的人生。有心成為人生強者的人，志當存高遠，宜立做大事之志而莫立做大官之志。

中國俗語中也有大量歌頌立志的警句，如「有志者事竟成」、「無志之人常立志，有志之人立志長」、「人窮不可志短」、「有志不在年高，無志空長百歲」。這些自然都是催人奮進的名言雋語，永遠值得我們回味，並以之作為自己前進的動力。

司馬遷在《史記．陳涉世家》裡給我們講述了這樣一個故事：

志當存高遠

陳涉少時，曾受人僱傭，替人耕種，心中並不滿於這種處境，在壟上休息時，常感慨悵恨，有一回對同耕者說：「假如哪一天富貴了，不會忘了拉朋友一把。」同伴嘲笑他，「你現在替人耕種，地位卑微，還說什麼富足呢。」陳涉長嘆一聲：「唉，燕雀怎能知道鴻鵠的志向呢？」陳涉後來在大澤鄉和吳廣發動起義滅秦，做出了驚天動地的壯舉，若無傭耕壟上時埋在心裡的一段鴻鵠大志，怎能想像後來的富足榮華？昔日曾嘲笑過陳涉的同伴，屬於那一種安於現狀不存「非分」之想，得過且過的大多數，若得不到陳涉的幫襯怕只有老死於田野。是什麼造成這種天壤之別呢？關鍵恐怕並非在於兩人智慧才能上的差距，而首先在於是否存了一份奮鬥的心，是否有一種改變現狀的強烈欲望。陳涉曾說過這樣一句話：「壯士不死則已，死即舉大名耳。王侯將相，寧有種乎？」有這樣的雄心壯志，有這樣一種雖死不辭的精神及高度的自尊自信，則人在此種心志下激發出來的潛能，又豈是那些連夢都不做一個的瞌睡不醒的人所能比及的？

許多成大事者都是一些資質平平的人，而不是才智超群、多才多藝的人。我們怎樣解釋這個現象呢？一些人取得了遠遠超過他們實際能力的成就，使很多人感到疑惑不解——為什麼那些看上去智力不及我們一半、在學校排名末尾的學生卻取得了巨大成功，在人生的旅途上把我們遠遠地拋在了後面？

其中一些人，儘管在學校裡被我們嘲笑，後來卻能專心一個領域，耕耘不輟，最終到達目的地。儘管智力平庸，但他想方設法保持領先，一步一步地累積了自己的優勢，而那些所謂智力超群、才華橫溢的人卻仍在四處涉獵，毫無目標，最終一無所獲。那些看似愚鈍的人有一種頑強的毅力，一種在任何情況下都堅如磐石的決心，一種從不受任何誘惑、不偏離自己既定目標的能力。相反，那些聰明卻不堅定的人，往往沒有一個明確目的，四處出擊，結果分散精力，浪費才華。

貧不足羞，可羞是的貧而無志。賤不足恥，可恥的是恥而無能。

人生最怕格局小

臺灣政壇上有名的陳文茜女士，在接受央視記者白岩松的採訪時，說過一段這樣的話：「女人在這個社會並不容易獨處，你嫁丈夫也不容易獨處，你單身也不容易獨處，所以我們看到大多數的家庭主婦、職業婦女都不太快樂，很大的原因就是說，其實世界上可以給一個女人的東西相當的少，她就守住一塊天，守住一塊地，守住一個家，守住一個男人，守住一群小孩，她的人生到後來，她成了中年女子，她很少感到幸福，她感到的是一種被剝奪感。」

人生最怕格局小

這段話中，最令編者感興趣的是：「守住一塊天，守住一塊地，守住一個家，守住一個男人，守住一群小孩，她的人生到後來，她成了中年女子，她很少感到幸福。」陳文茜女士的話本來是針對女人說的，認為許多女人限制了自己，將自己的格局做得很小，因此失去了幸福感。其實，無論男女，都有將自己格局做小的隱憂。

你是否也限制了自己，把自己的格局做得很小——而失去了成就感？

人生最怕格局小。人生是一盤大大的棋，你卻只在一個邊角消磨時間。要是你能怡然自得倒沒什麼，因為幸福只是一種單獨個體的感覺，你覺得蠻好，那就蠻好，旁人無法置喙。但若你一面埋怨自己「命苦」，不甘心，不服氣，卻還在那個狹窄的邊角不思改變，那就需要好好反思了。

你要什麼，就要為得到它而深思熟慮，並布下一個相應的局，才有可能去得到。戰國時期的呂不韋以「貨人」而聞名。他的成功，就離不開精密的運籌與布局。

當呂不韋不滿足於自己做大商人的格局時，見到了秦國入趙為人質的公子異人。於是，他打算做一筆大的「買賣」——擁立異人為君主，自己以功臣的身分分享成功。

呂不韋的「貨人」買賣，可謂險阻重重，他是如何做到的呢？根據《戰國策》中之相關記載，他先是找到落難中的異人，對他說：「公子侯有繼承王位的資格，其母又在宮中。如今公子您既沒有重新在宮內照應，自身又處於禍福難測的故國，一旦秦趙開戰，公子您的性命將難以保全。如果公子聽信我，我倒有辦法讓您回國，且能繼承王位。我先替公子到秦國跑一趟，必定接您回國。」異人聽後，自然如行將溺水而亡的人看見有人伸出了手，自然是高興萬分。

取得異人的配合後，呂不韋必須說服秦國方接收異人。怎麼實現這一目標呢？呂不韋想到了一顆棋子，王后華陽夫人的弟弟陽泉君。他找到陽泉君說：「閣下可知？閣下罪已至死！您門下的賓客無不位高勢尊，相反太子門下無一顯貴。而且閣下府中珍寶、駿馬、佳麗多不可數，老實說，這可不是什麼好事。如今大王年事已高，一旦駕崩，太子執政，閣下則危如累卵，生死在旦夕之間。小人倒有條權宜之計，可令閣下富貴萬年且穩如泰山，絕無後顧之憂。」陽泉君趕忙讓座施禮，恭敬地表示請教。呂不韋獻策說：「大王年事已高，華陽夫人卻無子嗣，有資格繼承王位的子傒繼位後一定重用秦臣士倉，到那時王后的門庭必定長滿蒿野草，蕭條冷落。現在在趙國為質的公子異人才德兼備，可惜沒有母親在宮中庇護，每每翹首西望家邦，極想回到秦國來。王后倘若能立異人為太子，這樣一來，不是儲君的異人不也能繼位為王了嗎？他肯定會感念華陽夫人的恩德，而無子的華陽夫人也因此有了日後的依靠。」陽泉君說：「對，有道理！」便進宮說服王后，王后便要求趙國將公子異人遣返秦國。這樣，王后也間接成了呂不韋的棋子。

有了異人的配合，有了接收方，但還需趙國願意放異人走呀。趙國當然不肯放行。呂不韋就去遊說趙王：「公子異人是秦王寵愛的兒郎，只是失去了母親照顧，現在華陽王后想讓他做兒子。大王試想，假如泰國真的要攻打趙國，也不會因為一個王子的緣故而耽誤滅趙大計，趙國不是空有人質了嗎？但如果讓其回國繼位為王，趙國以厚禮好生相送，公子是不會忘記大王的恩義的，這是以禮相交的做法。如今孝文王已經老邁，一旦駕崩，趙國雖仍有異人為質，也沒有資格與秦相國親近了。」於是，趙王就將異人送回秦國。

公子異人回國後，呂不韋的買賣離成功還很遠。自古以來，宮廷爭鬥複雜而又凶險，異人如何從昔日落魄的人質變成顯貴的太子呢？呂不韋打的是華陽夫人的主意。呂不韋讓他身著楚服晉見原是楚國人的華陽夫人。華陽夫人對他的打扮十分高興，認為他很有心計，並特地親近說：「我是楚國人。」於是把公子異人認作兒子，並替他更名為「楚」。秦王令異人試誦詩書。異人推辭說：「孩兒自小生長於趙國，沒有師傅教導傳習，不長於背誦。」秦王也就罷了，讓他留宿宮中。一次，異人乘秦王空閒時，進言道：「陛下也曾羈留趙國，趙國豪傑之士知道陛下大名的不在少數。如今陛下返秦為君，他們都惦念著您，可是陛下卻連一個使臣未曾遣派去撫慰他們。孩兒擔心他們會心生怨恨之心。希望大王將邊境城門遲開而早閉，防患於未然。」秦王覺得他說話極有道理，為他的奇謀感到驚訝。華陽夫人乘機勸秦王立之為太子。秦王召來丞相，下詔說：「寡人的兒子數子楚最能幹。」於是立異人為太子。

公子楚做了秦王以後，任呂不韋為相，封他為文信侯，將藍田十二縣作為他的食邑。而王后稱華陽太后，諸侯們聞訊都向太后秦送了養邑。

一場波瀾壯闊、跌宕起伏的「貨人」買賣，就在呂不韋高超的操縱下落下帷幕。他實現了自己的夢想。

美夢人人都會做，不同的是有的人美夢成真，有的人是黃粱一夢。要想美夢成真，就得去做具體的事物。越是大事，越是牽涉面廣，越是難度大。寫一本書我一個人就夠了，而經營一個出版社則需要更多的人來協助。所以，對於牽涉面廣、難度大的事情，或者說事業來說，你得先將事業行進的途中各項困難想清楚，然後盡量在各個險要之處布上棋子，讓你過河時有人搭橋，登高時有人架梯。

人生布局，要以大局為重，眼光要遠。就像下棋，全域觀念至關重要，開局投子要搶占要點，並注意子粒間的策應和聯絡，最忌一開始就在乎只子一城的得失。初學者往往會一開始便糾纏一兩子的得失，等到此小戰役雖然勝了，地盤卻讓人占盡。

伴隨著時間沙漏不容商量的流逝，我們的人生越來越短，生命畫布上留給我們落筆的地方也日漸狹窄。從現在開始，開始為你的人生作一個長遠規畫，並根據這個規畫布好人生的局，爭取在餘下的人生畫布上盡量少些敗筆，以畫出最美麗的圖案。

天大地大志向大，誰也不比誰差，年輕的我什麼都不怕，生活不夠麻辣，率真的我不會被擊垮！

要有弄潮的大氣魄

時代潮流湧動，強者往往獨立潮頭，讓我們欣羡不已。他們總是如此成功，難道有三頭六臂嗎？誰也沒有三頭六臂，但強者之所以成為強者，也總是有原因的。他們往往敢為別人所不敢為，具有一種「舍我其誰」的大氣魄。憑藉著這種氣魄，他們勇於像錢塘江的弄潮兒一般，在濁浪排空的潮水中弄潮搏擊，做第一個吃螃蟹的人。

劉磊就是靠「為人不敢為」的生意而發財的。

二〇〇三年三月，伊拉克戰爭爆發了。劉磊透過電視新聞看到兩條消息。一條消息說，伊拉克被美軍占領後，抵抗組織頻頻向美軍發起人肉炸彈襲擊，導致大量美軍士兵龜縮在軍營不敢外出；另一條消息則說，頻繁的襲擊導致美軍傷亡率上升，美國軍方為了穩定戰區軍心，決定大幅度提高駐伊拉克人員的戰地補助。看到這裡，劉磊突然想到：「當地美軍拿了高額補助卻不能出門消費，若是我能到美軍軍營附近做生意，豈不是獲得了獨特的大好商機？」

一開始，由於沒有通行證，守衛綠區的美軍士兵不允許他進去。但破釜沉舟的劉磊還是拿著印製精美的中餐菜譜，告訴門口荷槍實彈的美國兵他要在綠區開餐廳做中餐！美國兵一聽頓時顯得非常高興，竟然例外地給予了一點小小的方便——放行！在請了頒發「綠區」通行證的格里菲斯上尉兩次客後，劉磊拿到了「綠區」通行證。

在綠區開餐廳的成本低——巴格達市場上，美國產五公升罐裝的大豆油折合人民幣十二元；越南產五十公斤裝的大米折合人民幣八十元，黑市價格更是低得驚人，每罐煤氣只要人民幣一元五角；而綠區之內是美軍的天下，伊拉克臨時政府的「義警」、「業主」都不敢進去收費，甚至連水電費都免了！

在如此低廉的成本之下，劉磊做出的飯菜可一點兒也不便宜，一盤普通揚州炒飯的價錢是五美元——折合人民幣四十元，是國內的十倍！劉磊在「綠區」沒有競爭對手，中式餐廳獨此一家，他的生意想不好都難！就這樣，火爆的生意讓劉磊月平均盈利

要有弄潮的大氣魄

達一萬美元左右。

二○○四年四月，劉磊又發現了另一條生財途徑，那就是賣酒。當時美軍規定士兵不得飲酒，但美國士兵又特別喜歡喝酒。開始時他也不敢賣，後來經常有美國士兵向他買酒，還提醒說，如果賣酒，可以「get much money」。這是劉磊第二次聽到這句話。於是，他去綠區外面的地下市場帶酒進來，偷偷地賣給美國大兵。一瓶兩美元的威士忌，在綠區他可以賣到十美元。光靠這一項每天就可以進帳四千美金，利潤高達五倍。

劉磊的餐廳外面有一個美軍的直升機停機坪，每天都有美軍的巡邏直升機停在那裡，美國大兵一下飛機就提著兩米長的炮彈箱跑進來大喊：「我只有十分鐘休息時間，快點裝酒，全部裝滿。」他們裝滿酒以後又趕緊蓋上蓋子，然後假裝運炮彈，將酒運上直升機拉走了。一箱可以裝幾十瓶酒，劉磊賣到了兩千多美金，有時每天都可以接待幾趟直升機顧客，生意好得不得了。

到了二○○五年三月，伊拉克局勢穩定，伊拉克臨時政府開始全面接管政權，劉磊在巴格達綠區的餐廳這才結束。他順利回國，全部經營時間不過一年零三個月，賺得的美金折合人民幣三百零八萬元。

劉磊的機遇可遇不可求，但值得借鑒和學習的卻是他的這種弄潮的大氣魄。一句俗語說得好，「人不膽大事不成」。很多時候，我們要想有所作為，成就一番大事，沒有勇於跳進潮流中，擊水搏浪的氣魄是不行的。

弄潮兒向濤頭立，手把紅旗旗不溼。大氣是一種氣度，更是一種氣魄。沒有氣度、氣魄的人，是做不成大事的。

馬上行動絕不拖延

立下鴻鵠之志，當為志向而努力。成功源於馬上行動，一千次心動不如一次實際行動。

從前，有兩個國家發生了戰爭。一個國王謀劃在敵方國王的水裡下毒想要毒死對方，這事被對方派來的密探知道了。這位密探立即寫信給自己國家的國王說：「國王您要警惕，水裡有毒藥，今天您千萬不要喝水。」很快，國王就收到了這封信。可是這位國王有個壞習慣，總是把今天的工作推到第二天去辦，他對大臣說：「先把信收好，明天再拆開讀給我聽。」可他沒有等到明天，就被水毒死了。拖延讓這位國王沒能見到第二天的太陽。故事雖然簡單，但它說明了一個道理：拖延往往會帶來悲慘的結果。就在稍加遲疑、等待的幾分鐘之間，成功與失敗往往轉手易人，其結果大相徑庭。

對一個胸懷大志者而言，拖延怠惰也許是最具有破壞性的，也是最危險的惡習。它會使人喪失進取心。原本打算今日起鍛鍊身體，可早上躺在溫暖的被窩裡不肯起來。有一位幽默大師說過：「每天最大的困難就是離開被窩，走到冰冷的街道。」他說得不錯，當你躺在床上，認為起床是一件不愉快的事，那它就真的變成一件困難的事情了。

比爾蓋茲曾經說過，應該做的事拖延而不立即去做、總想把工作留到明天再做的員工往往會失去最佳的結果。每一個員工都應該今日事今日畢，否則可能無法成功取得自己想要的成績。所以我們一定要有「必須把握今日，一點也不可拖延」的想法，並且要嚴格執行。

一九七〇年代，美國有一個叫法蘭克的年輕人，由於家境貧困，他去了芝加哥尋求出路。在繁華的芝加哥轉了幾圈後，法蘭克沒有找到一個能夠容身的處所，於是便買了把鞋刷給別人擦皮鞋。

半年後，他用微薄的積蓄租了一間小店，邊賣雪糕邊擦鞋。誰知道雪糕的生意越做越好，後來他乾脆不擦皮鞋了，專門賣雪糕。

如今，法蘭克的「TCBY」優格冰淇淋已擁有全美百分之七十以上的市場，在全球進駐六十多個國家，有超過四千多家的專賣店。

巧的是，有一個叫斯特福的年輕人，與法蘭克幾乎同時到達芝加哥。斯特福的父親是一位富有的農場主，斯特福上了大學，還讀了研究生。就在法蘭克給別人擦皮鞋的時候，斯特福住在芝加哥最豪華的酒店裡進行市場調查，耗資數十萬。經過一年的周密調查，斯特福得出的結論是：賣雪糕一定很有市場。當斯特福把結果告訴父親時，遭到了強烈反對而沒有付諸行動。後來，又經過一番精確調查後，自己還是覺得賣雪糕的生意好做。一年後，他終於說服了父親，準備打造雪糕店。而此時，法蘭克的雪糕店已經遍布全美，最終無功而返。

在現實生活中，我們往往是心動的時候多，行動的時候少，把希望放在今天，而總把行動留在了明天。夢想著成功，卻沒有付諸行動。而真正的成功者，則是把行動放在現在，把希望放在未來。

有一個落魄的年輕人，每隔兩天就要到教堂祈禱，他的禱告詞每次幾乎相同。

第一次到教堂時，他跪在聖殿內，虔誠低語：「上帝啊，請念在我多年敬畏您的份上，讓我中一次彩票吧！阿門。」

幾天後，他垂頭喪氣地來到教堂，同樣跪下祈禱：「上帝啊，為何不讓我中彩票？我願意更謙卑地服從您。」

他就這樣，每隔幾天就到教堂來做著同樣的祈禱，如此周而復始。

到了最後一次，他跪著：「我的上帝，為何您不聽我的禱告呢？讓我中彩吧，哪怕就一次，我願意終身信奉您。」

這時，聖壇上空發出一陣莊嚴的聲音：「我一直在聽你的禱告，可是——最起碼，你也該先去買一張彩票吧！」

行動孕育著成功，行動起來，也許不會成功，但不行動，永遠不能成功。不管目標是高是低，夢想是大是小，從現在開始，積極行動起來，只有緊緊抓住行動這根弦，才能彈出了美妙的音符。

在我們的周圍，也常常可以聽到這樣的聲音，「如果我初一的時候就認真讀書，現在早就是前幾名了。可現在已經是初三，只有一學期就要考試，再努力也是白搭。算了……」一個美好的志向就這樣消失了，實在令人惋惜。其實，他應該做的就是馬上行動。雖然行動不一定能帶來令人滿意的結果，但如果不採取行動，那就絕對沒有滿意的結果。

所謂「亡羊補牢，猶未晚矣」。當你意識到自己的不足，想要彌補一番，或者你有一個絕妙的創意，那麼永遠也不要說太晚，關鍵是馬上行動，切實執行自己的想法，以便發揮它的價值。

有個人已經四十歲了，一天對朋友說：「我想去學醫，可是學完我就已經四十四歲了。」

朋友說：「可要是你不去學，四年後你還是四十四歲啊。」

是啊，即使你不行動，時間還是無情地流逝，片刻不會停留。那麼，何不在這段時間裡努力進取，做出成績來呢？因為不管想法有多好，除非身體力行，否則永遠也不會有收穫。

一心嚮往成功的人，別再猶豫了，馬上行動吧。

沒有別的什麼習慣比拖延更為有害了；更沒有別的什麼習慣，比拖延更能使人懈怠、減弱人們做事的能力了。要醫治拖延的惡習，唯一的方法就是立即去做自己該做的事。

不給自己留後路

秦國統一六國後，秦始皇暴政，苛捐雜稅，抓捕壯丁，大興土木，弄得人民困苦不堪，民不聊生。於是，人民紛紛揭竿而起，起兵反抗。秦朝末年，在趙國這個地方出現了大批的起義軍，於是秦二世派大將率領軍隊去鎮壓起義的民眾。趙國的起義軍無力抵

不給自己留後路

抗秦軍的鎮壓，被來勢凶猛的秦軍圍困在鉅鹿這個地方。趙國的起義軍就請求楚懷王營救。楚懷王得到這個消息後，立刻派兵前往救助起義軍。他命宋義為上將軍，項羽為副將，讓他倆率領楚軍火速前往鉅鹿營救趙國的起義軍。

但是，宋義將部隊帶到安陽後，就命令軍隊安營紮寨，一直在安陽停留了四十六天，項羽幾次勸他出兵，他就是不聽。宋義在安陽每天都是飲酒作樂，絲毫不理救援趙國的事情，而士兵和老百姓卻是又饑又餓，無人理會。項羽看著時間一點點過去，實在沒有辦法了，只好把宋義給殺了。楚懷王得知項羽殺掉宋義的消息和原因後，就決定任命項羽為上將軍，由他率兵打仗。項羽當上將軍以後，很關心士兵和百姓，所有的士兵都非常擁護他。他開始謀劃如何出兵鉅鹿營救趙國的起義軍。他計畫兵分兩路，先派出兩個部下帶領兩萬軍隊渡過黃河去救鉅鹿。然後，自己又帶上全軍主力渡河救趙國。為了堅定全軍將士作戰的決心和意志，項羽命令部隊只能前進，不許後退。他下令士兵每人帶足三天的口糧，然後又下令砸碎全部行軍做飯的鍋。將士們都愣了，項羽說：「沒有鍋，我們可以輕裝前去，立即挽救危在旦夕的趙國！至於吃飯嘛，讓我們到章邯軍營中取鍋做飯吧！」大軍渡過了漳河，項羽又命令士兵把渡船全都砸沉，同時燒掉所有的行軍帳篷。戰士們一看退路沒了，這場仗如果打不贏，就誰也活不成了。

這支只准前進不能後退的軍隊挺進到了趙國後，立刻就把秦軍包圍住。憑著一鼓作氣的士氣和不能後退只能勝利的意志，他們與趙國的軍隊裡應外合英勇奮戰，很快就贏得了這場戰爭的勝利。

後來，人們根據這個故事總結了「破釜沉舟」這個成語，用來比喻決一死戰、不顧一切拼到底的精神。

不知大家是否知道，蒲松齡的自勉聯是：「有志者事竟成，破釜沉舟，百二秦關終屬楚；苦心人，天不負，臥薪嘗膽，三千越甲可吞吳。」說的正是勇於一搏、不給自己留後路的勇氣。

生活中，面對困境，有的人消沉對待，一蹶不振；而有的人則勇敢地翻身，不折不扣，拼盡全力衝破封鎖，逼迫自己走上絕路，最後取得輝煌成就。

因單位效益不佳，四十歲的趙坤一夜之間成了下崗女工，她當時覺得天彷彿塌了下來。丈夫工資不高，自己飯碗又沒了，這上有老下有小的，今後日子可怎麼過？趙坤禁不住號啕大哭。

但生活不相信眼淚，日子還得一天天地過。本性就有股強勁的趙坤，不相信自己會就此趴下。痛定思痛之後，她便開始盤算著幹點什麼事。

不給自己留後路

一開始，趙坤推車賣菜、沿街叫喊收酒瓶。在走街串巷中，趙坤了解到煤礦配件市場需求量大。她想，要想富裕就必須放開手腳大幹一場。於是，經過幾番調查，她決定開個配件商店。可萬事開頭難，開這樣一個商店，至少也得幾萬元錢，錢從哪裡來？這讓趙坤很傷腦筋，脾氣倔強、從不向人開口的趙坤不得不紅著臉挨個敲親朋好友的門。親朋好友們大都了解她的性格，都很支持她，紛紛向她伸出了援手。可錢的大頭還得靠自己籌集。怎麼辦？趙坤和愛人商量後，做了個破釜沉舟的決定，把房子賣掉乾脆在租用的商店搭鋪立灶生活，這樣成本錢有了，還能省下一份更大的費用。

就這樣，趙坤的配件商店在艱難中開張營業了。剛一開始，生意並不像趙坤想像的那樣理想，可謂門可羅雀，根本沒有幾個顧客。經反覆琢磨，趙坤覺得顧客少的主要緣故是店址偏遠，沒有知名度。她想，既然沒顧客，她就主動送貨上門。可是跑了十幾家煤礦，總是難以成交，不是人家不需要，而是因為她的小店貨物不齊全。這時的趙坤真的有些心灰意懶，可又一想，自己連收酒瓶子的苦都能受，這點挫折又算什麼呢？既然選擇了這一行，就應該堅定信念往前走。於是，她又拿出當初走街串巷的本領，一家一家地走，今天不要貨，明天她還去，每到一處都不急不躁，面帶微笑，逐家介紹她經銷的配件產品，力爭取得煤礦主的信任和認可。

功夫不負有心人，靠趙坤的真誠，她的小店終於與一些煤礦開始建立了業務關係……漸漸地，她的生意越做越大，如今已擁有了十幾家連鎖店，而她也成為腰纏萬貫的大老闆。

曾經的下崗工趙坤挖到「金」靠的是她那股破釜沉舟、永不言敗的勁頭。而一個人在絕望的時候，在死亡的邊緣，總會掙扎一下，總會盡最大的努力而且無論付出怎樣的代價都不會畏懼的。既然如此，那麼，就不要給自己留後路，如果留了後路就可以回頭，就會有其他的選擇，不但不能專心於眼前的事，反而因為有後路而「死」在了起跑線上。

有志者事竟成，破釜沉舟，百二秦關終屬楚；苦心人，天不負，臥薪嘗膽，三千越甲可吞吳。

比別人多付出一點

一個人，只要每天比別人付出多一點，就總會有意想不到的驚喜。

很多人都有過這樣的經歷——最後一趟班車總是在內心感到絕望的時候到來了。

比別人多付出一點

其實，做任何事情都是一樣，堅持就是勝利，成功從來都不會讓一個持之以恆的人空手而歸。

一個農場主在巡視穀倉時不慎將一隻名貴的金錶遺失在打穀場裡，他遍尋不獲，便在農場門口貼了一張告示，如果人們肯幫忙，懸賞一百美元。

人們面對重賞的誘惑，無不賣力的四處翻找，無奈場內穀粒成山，還有成捆的稻草，要想在其中找尋一塊金錶如同大海撈針。

人們忙到太陽下山也還沒有找到金錶，他們不是抱怨金錶太小，就是抱怨打穀場太大、稻草太多，他們一個個放棄了一百美元的誘惑。只有一個穿破衣的小孩子在眾人離開後仍不死心，努力尋找，他已整整一天沒吃飯，希望在天黑之前找到金錶，解決一家人的吃飯困難。

天越來越黑，小孩在穀倉內堅持尋找，突然發現一切喧鬧靜下來後有一個奇特的聲音「滴答、滴答」不停地響著，小孩頓時停止尋找。穀倉內更加安靜，滴答聲十分清晰。小孩尋聲找到了金錶，最終得到了一百美元。

成功的法則其實很簡單——就是比別人多付出一點。而成功者之所以稀有，是因為大多數人認為這些法則太簡單了，而沒有堅持。

是的，付出越多，機會越多。當你每多付出一點，就多了一次顯示自己是否勝任和提升勝任力的機會。而勝任與否，有時候只差一點點。當我們能堅持比別人多付出一點點，每天能讓自己進步一點點時，很快，我們就能比很多人更勝任！

有兩個鄉下人A與B，一起來到一座大城市，都選擇了賣菜，都在一個市場上，菜攤兒還挨著。可是幾年以後，同樣是賣菜，卻賣出了天壤之別——A成了蔬菜批菜商，手握兩百多萬資金；B則因生活難以為繼，只好又回到了鄉下。

是什麼決定了他們的成與敗呢？其實，他們之間的差別就在於每天的付出多一點與少一點。是的，就那麼一點點，造成了他們的天壤之別。

每天賣菜時，A賣菜人都要拿出一點點時間把黃掉的菜葉子和爛根去掉，把菜弄得水靈靈的好看；B賣菜人卻從來沒有理會過這一點兒，他認為菜怎麼可能會沒有黃葉子爛根呢！

每天賣菜時，A賣菜人總會把菜攤兒收拾得規規矩矩，把菜碼放得整整齊齊，讓人看著就舒服；B賣菜人則只把菜往地上一攤，愛怎樣就怎樣。

就這樣，剛開始差距只是一點點，但長此以往的結果是，一起進城的兩個人，一個在城裡站穩了腳跟，一個只好回了鄉下。

比別人多付出一點

在職場上，許多人都沒有明白這樣一個道理，常常需要主管發脾氣，需要部門給出制度才能保持正常的工作心態和工作習慣。其實，你不應該讓主管看到你的懶惰，而更多的是應學會主動地去加班，主動地去替公司思考。這樣的付出習慣，雖然不能讓一個職場人士馬上出類拔萃，但卻能馬上讓主管對你產生好感，會讓主管認為你才是最優秀的員工。

每個人都應該學會勤奮，勤奮永遠是一個制勝的法寶，在一個人的成功之路上，勤奮也扮演著一個非常重要的角色。「打工皇帝」唐駿說：「我喜歡勤奮，我很勤奮，我更希望的是什麼？我希望帶著所有的年輕人，用『勤奮』兩個字不斷地鞭策自己。只有勤奮才能真正帶你實現人生的目標。」是的，在人生的道路上，記住兩個字——勤奮，勤奮，再勤奮，每天多走一步，時間一長，你就會快人很多。

美國著名出版商喬治．瓊斯十二歲時便到費城一家書店當營業員，他工作勤奮，而且常常積極主動地做一些分外之事。他說：「我並不僅僅只做我分內的工作，而是努力去做我力所能及的一切工作，並且是一心一意地去做。我想讓我的老闆承認，我是一個比他想像中更加有用的人。」

坦普爾頓指出：取得突出成就的人與取得中等成就的人幾乎做了同樣多的工作，他們所做出的努力差別很小，但其結果，在所取得的成就及成就的實質內容方面，卻經常有天壤之別。這好比兩個人參加馬拉松比賽，在奔跑兩個小時以後，都已經完成了四十二公里的賽程，還有不到兩百公尺，就將到達終點。當時的情況是，兩人都十分勞累、難受。前者選擇了放棄，而後者則堅持了下來。相對於他跑過的漫長路程，餘下這一段短短的距離所具有的價值和意義是不言而喻的，沒有這幾步，此前的努力將變得毫無意義；有了這幾步，他就成了一個征服馬拉松的勝利者。取得中等成就的人只是少跑了幾步，不幸地是，那是最有價值的幾步。

成功是什麼？成功是一種超越自己的渴望。成功就是別人付出十分的努力，而我們付出十一分的努力！其實，在這個世界上，天生的高手並不多，成功者只不過是比普通人多了一份勤奮刻苦和堅持不懈而已。

要想比別人強一點，比別人收穫多一點，我們就要比別人多付出一點點，多思考一點點，進而做到每天比別人多成功一點點。如此堅持不懈，相信不久的將來，在我們的人生征程上一定會迎來簇簇鮮花與陣陣掌聲。

不要滿足於現狀

永不滿足現狀是使事業成功的強有力的刺激，尤其是與特定的目標相結合的時候。

青年時輕而易舉地獲得成功，若從此而心滿意足，那將是獲得最終成功的障礙。

「十歲神童，十五歲才子，過了二十歲就只是平平凡凡的人了。」這句俗語，說透了其中的含義。

北宋時期，民間出現了一個「神童」，名叫方仲永。方仲永在五歲那年就懂得作詩，他的才能是無與倫比的。如果他進書院讀書，長大之後，肯定是普天之下難得的人才，還有他那天生就有的才能，可是他絕對的優勢。因為在那個時代，有許多人不會作詩，還有的人考功名怎麼也考不上，他們讀到老還在考，有句話說得好：「人是活的，書是死的，活人讀死書，可以把書讀活，而死書讀活人，可以把人讀死。」書對我們來說是多麼的重要，知識是一片廣闊的海洋，無邊無際，是我們永遠也學不完的。可方仲永的父親認為仲永是天生的神童，不必接受後天的教育，同樣可以出類拔萃。結果，方仲永長大之後，智力比平常人都還不如。

這個故事告訴我們：一個人不能滿足於現狀，要不斷地學習、不斷地設定新的目標，只有這樣，才可能有更輝煌的人生。

現實中，總有一些這樣的人，無論是從事什麼職業，在達到了某種程度的經濟獨立後，便不再做更進一步的努力了。他們在賺取了需要的錢財之後，就好像變成了另外一個人，安於現狀，無所作為。

美國有一位叫貝特羅的年輕人，他的父親在墨西哥持有金銀小礦山。貝特羅起先很勤勉地工作，使礦山的生產十分景氣。然而當錢財滾滾而來時，他竟異想天開，建築了堂皇的宮殿，購進了巴黎的傢俱。從此，貝特羅沉溺於放浪形骸的豪華生活，對生產的情況不聞不問，任其廢棄。後來，他身邊留下的除了那座宮殿，別無他物。最終，他就在那宮殿裡的兩間塵埃彌漫的屋子裡，了結了餘生。

有位心理學家說：「好運氣時常是不幸的前奏。」受到良機青睞的人，往往沉溺其中，而拋卻了努力。眼光只注視腳尖的人，稍有富餘，就自我滿足，不思進取。他們變得怠惰、遊蕩，消費多於生產。他們手裡有些金錢，就以為有資格享受。倘若突然再遇拮据，他們才會發覺，自己是那麼軟弱無能，連先前會做的事都做不來了。

曾有心理學家向知識階層提出這樣一個問題——如果你突然得到了一百萬元，你會怎麼利用呢？然而，大部分的被訪者的回答大體一致：「要把一部分當養老金，以旅行或玩樂度其餘生；要把這筆意外的財富用來完成人生某個大目標，一分錢也不剩。」

可見，富足的物質生活常使受益者脫離生產者的行列，變成僅僅為消費而生活的人，他們安於現狀，從此失去鬥志。

美國康奈爾大學做過一個有名的實驗。經過精心策劃安排，他們把一隻青蛙冷不防丟進煮沸的油鍋裡，這只反應靈敏的青蛙在千鈞一髮的生死關頭，用盡全力躍出了那勢必使牠葬身的滾滾油鍋，跳到地面安然逃生。

隔半小時，他們使用一個同樣大小的鐵鍋，這一回在鍋裡放滿冷水，然後把那只死裡逃生的青蛙放在鍋裡。這只青蛙在水裡不時地來回遊動。接著，實驗人員偷偷在鍋底下用炭火慢慢加熱。

青蛙不知究竟，仍然在微溫的水中享受「溫暖」，等牠開始意識到鍋中的水溫已經使它熬受不住，必須奮力跳出才能活命時，一切為時太晚。牠欲試乏力，全身癱瘓，呆呆地躺在水裡，終致葬身在鐵鍋裡面。

這個實驗，揭示了一個殘酷無情的事實——一個人太過安逸，就會不思上進，從而失去抗挫折的本能，當面臨危險威脅的時候，毫無辦法，只有乖乖屈服。

美國富翁比爾蓋茲從微軟退休之時，一項計畫正在轟轟烈烈地實施，那就是捐掉他全部五百八十億美元的個人財產。在接受英國 BBC 電視節目「Newsnight」採訪時，比爾蓋茲表示，這是他和妻子共同的決定，「我們希望以最能夠產生正面影響的方法回饋社會」。

所謂「最能夠產生正面影響的方法」，就是向社會捐獻他的全部財產，一分都不留給孩子。而此前，比爾蓋茲也曾公開過他的遺囑：「其個人財產的百分之九十八將捐獻給他和妻子名下的基金會。」事實上，比爾蓋茲在慈善方面已經做得夠多了，他之前的捐款就有數百億美元，即使只捐很少的錢也無損其個人形象，他怎麼能不給自己的子女留一分錢呢？他難道忍心讓孩子們白手起家，根本不考慮以防萬一？其實，比爾蓋茲為我們樹立了良好的榜樣，他雖然沒有留給孩子金錢，但是他留給了孩子如何做人的道理，留給了孩子自力更生、靠自己的勞動來創造自己的生活的能力。試想，如果他的孩子獲得了那麼多的金錢，是否會止步不前、安於現狀呢？

顯然，比爾．蓋茲是明白這個道理的。只有那些不滿足現狀、渴望不斷地改進自己、時刻希望攀登上更高層次的人生境界，並願意為此挖掘自身全部能力的充滿激情的人，才有希望達到成功的巔峰。

所以，讓我們都來做一個既不滿足現狀又能為遠大目標而奮鬥的人吧。

只有那些不滿足現狀、渴望不斷地改進自己、時刻希望攀登上更高層次的人生境界，並願意為此挖掘自身全部能力的充滿激情的人，才有希望達到成功的巔峰。

越肆無忌憚越好

鄭淵潔是著名的童話大王，可很少有人知道——他僅讀過小學四年級。鄭淵潔坦承：「我後來寫的作品中，百分之九十都是在小學認識的字。」他二十二歲才開始寫作，靠著一本被翻爛的《新華字典》，居然成為童話大王。他的成功，無疑是令人稱奇的。

鄭淵潔至今還記得他媽媽曾經給自己講過的一則寓言：「一次大洪水，森林裡的小動物都開始逃命。大家跑呀跑，跑到山上發現有兩座橋，一座是寬寬的大橋，一座是窄窄的獨木橋。除了一隻小羊選擇走獨木橋外，其他動物都擁到大橋上。結果，那座大橋因為走得太多，橋塌了，所有的動物都墜落橋下。只有那只走獨木橋的小羊得以死裡逃生」。

鄭淵潔似乎就是一隻不走尋常路的「小羊」。在上小學二年級時，老師布置了一篇作文，主題為「我長大以後做什麼」。大多數小朋友都是寫當科學家、工程師之類的，但鄭淵潔不寫那些崇高而俗氣的理想。他寫的作文名為——《我長大以後當淘糞工》，因為當時時傳祥的事蹟流傳甚廣。這篇新奇的文章後來在從未刊登過低年級作文的學校校刊上發表，讓鄭淵潔出盡風頭。

幾年前，鄭淵潔曾經就寫過一篇《男人小便時千萬不能說話》的雜文。這文章除了標題不尋常外，內容也頗值得玩味。我們下面不妨節選一二：

不想獲得人生成功的人幾乎沒有。為什麼有的人成功了，有的人不太成功呢？成功的人有什麼共同之處？是不是成功的人都遵守遊戲規則？不成功的人不遵守遊戲規則？

我接觸過一些成功人士，我將他們和我接觸的不太成功人士做過系列對比，我發現，成功人士之所以能夠成功，是他們能夠區分真假遊戲規則。對於真的遊戲規則，他們堅決遵守。而對於假的遊戲規則，成功人士是不會遵守的。不太成功人士除了遵守真遊戲規則外，還遵守假遊戲規則，所以妨礙了他們踏上成功之路。你要問了，我怎麼沒聽說過遊戲規則還有真假之分？這是我發明的一個詞彙。

對於遊戲規則有必要進行去偽存真。鄭淵潔舉了個例子：「一般人都認為，書上說得都是對的，或者權威說得都是對的，這成為看書的遊戲規則。這其實是假遊戲規則。而真的遊戲規則是：想方設法證明書上寫的觀點是錯誤的。」還有，「諸如必須拿到大學文憑才能獲得人生成功，諸如只有出國才能深造，諸如孩子只有上重點學校才會有出息，都是假遊戲規則。」

鄭淵潔建議：「嚴格遵守真遊戲規則，堅決違反假遊戲規則。」並表示：「（這樣）

越肆無忌憚越好

你就會成功。」這個觀點和他在《我是錢》裡的一段話，非常契合：「這是一個禁忌相繼崩潰的時代。沒人攔著你，只有你自己攔著自己。你的禁忌越多，你的成就就越少。人只應有一種禁忌——法律。除此之外，越肆無忌憚越好。」

我們大多數人都是所謂的「好孩子」，我們除了聽父母的話，就是聽老師的話，聽專家的話……我們循規蹈矩，把所有別人制定的遊戲規則都遵守了。這種「好孩子」，被別人主宰了自己的意志，往往是「沒出息」的代名詞。

鄭淵潔就是一個不按照牌理出牌的人。小學未畢業，認字不足五六百，這樣的人按照社會上的規則與慣例，根本就不是當作家的料。即使成了作家，一個人常年承擔一本月刊（現為半月刊）的所有撰稿任務，也不現實。但這一些所謂的條條框框，都被鄭淵潔肆無忌憚地打破。

不要按照常態走，要「變態」一點。在著名的廣告傳媒大亨江南春的辦公室裡，高懸著兩個大字：「變態」。江南春也是一個不習慣走常規路線的人。他認為：「最保守的信條不見得安全，反而可能是最危險的。」他有一句很大膽曖昧的話：「一年出軌一次是道德的。」

江南春所謂的「出軌」，當然不是所謂的花心，是指每個人都要有一些顛覆性、反邏輯性的觀點。喜歡「出軌」的江南春，走出了一條「變態」的致富之路。在江南春「出軌」和「變態」的鼓惑下，他先是一手創立的永怡廣告公司，幾乎霸占了上海的IT廣告市場。然後在舊的盈利模式受到大環境的制約時，又開發出與眾不同的樓宇廣告生意。當樓宇廣告完全步入正軌後，他又先後劍指互聯網和無線廣告……現在，三十五歲多的他擁有一家市值五十多億美元的上市公司百分之九十的股份。他和分眾傳媒控股有限公司的故事，已經為人們所熟悉，卻又難以複製。

要想肆無忌憚地「出軌」，首先需要拋棄的是從眾心態。從眾心態說穿了就是一種思考的惰性與擔當的怯懦。跟著大流走，在人群中被裹挾著前進就行了，根本就不需要自己動腦子。跟著大流走，前面有人開路，後面有人壓陣，左右有人護駕，根本就不要擔當什麼大的危險。但是，你想過沒有，即使在你前進的路上堆滿了金山銀山，這麼多人爭搶要落到你的手裡完全不可能。英國著名詩人布萊克曾說：「獨闢蹊徑才能創造出偉大的業績，在街道上擠來擠去不會有所作為。」此為至理名言。

要想肆無忌憚地「出軌」，還要學會不按常規的思維方式。很多人不敢創新、或者說不願意創新、是因為他們頭腦中關於得、失、是、非、安全、冒險等價值判斷的標準已經固定，這使他們常常不能換一個角度想問題。其實許多最有創意的解決方法都是來自於換一面想問題，在對待同一件事時，從相反的方面來解決問題，甚至於最尖端的科學發明也是如此。所以愛因斯坦說：「把一個舊的問題從新的角度來看是需要創意的想像力，這成就了科學上真正的進步。」

要想肆無忌憚地「出軌」，還要培養勇於冒險的大氣。走與眾不同的路需要付出代價和擔當風險。「出軌」可能會帶來失敗。常態相比更能規避失敗，但同時也避免了成功。因此，有人認為：「人生最大的危險在於不冒風險。」當然，編者在此並非鼓勵大家一味地冒險。冒險之前，應該對風險進行周密的評估，並提前做好各種危機應對預案。

不冒風險者最穩妥，因為永遠不會失敗；不冒風險者最悲哀，因為一生未嘗成功。

第六章　大聲地替自己吆喝

低調和高調，也一定要結合時事，分清場合。如果一個人不合時宜地過分張揚、賣弄，那麼不管多麼優秀，都難免會遭到明槍暗箭的襲擊。所以，就得認真分析一下怎樣去低調，什麼時候該高調。

自由經濟下的特色之一是商品極為豐富，人們的選擇餘地很大。與之對應的是，在人才市場上，類似於自由經濟的跡象也日趨明顯。你有本事，但有本事的人很多。你必須學會積極主動地大聲推銷自己。要讓別人了解你、接受你、欣賞你、購買你。否則，就會像那些品質雖好但行銷不力的商品一樣，在貨架上受冷落、蒙灰塵，甚至強行下架。

嗓門大點才會引起注意

老王的老家本在西夏，以種胡瓜為生，也就是今天的哈密瓜。當時，宋朝邊境發生戰亂，老王為了避難，就遷到了宋朝開封的鄉下，仍以種胡瓜為生。

由於胡瓜的外表不太美，中原的宋人都不認識這種瓜，所以儘管這胡瓜比普通的西瓜甜十倍，還是很少有人買。

老王為謀生計，於是向來往的行人不斷地誇耀自己的瓜如何好吃，並且把瓜剖開讓大家先嘗後買。起初沒有人敢吃，後來有個膽大的上來咬了一口，只覺胡瓜像蜜一樣的甜，讚不絕口，於是，一傳十，十傳百，老王的瓜攤就生意興隆起來。

一天，宋神宗出宮巡視，來到集市上見有一處擠滿了人，便問左右為何事喧鬧，左右回稟說：「是個賣胡瓜的引來眾人買瓜。」

宋神宗心裡很好奇，在想什麼瓜這麼招人，就走上前去觀看。只見那老王正在連說帶比畫地誇自己的瓜如何好，見了宋神宗也不慌張，馬上請皇上嘗嘗她的胡瓜。宋神宗嘗後連連稱讚「好吃」，老王沒有說假話，胡瓜甘美無比。但宋神宗對老王的言行有些不解，便問老王，你這瓜這麼好，為什麼還要自賣自誇呢？老王坦然回答說，這瓜是西夏外地品種，中原人不識，一叫就有人買了。

宋神宗聽了感慨萬千，表示做買賣還是當誇則誇，像老王賣瓜，自賣自誇。於是，宋皇帝的金口一開可不得了，很快，「老王賣瓜，自賣自誇」這句話就傳遍了天下，一直流傳至今天而不絕。

只是，華人社會一向主張儒學文化，對「老王賣瓜，自賣自誇」生出了截然不同的解釋，該話由原來的褒義變成現在的貶義。

做人提倡低調，但做事低調則顯然不是最好的策略。特別是在商場上，做事應該適當高調，這樣才會吸引別人的目光，引起別人更多的關注。

某食品公司的辣醬上市之前，總經理想為自己新產品做宣傳廣告。他本來想在這座城市某個熱鬧的街頭租一個超大的、顯眼的看板，標上他們的產品，讓所有從這裡走過的人一下子都能注意它，並從此認識他們的辣醬。

但是當他和廣告公司接觸後，才發現市中心廣告位的價格遠遠高於他的想像，他那小小的企業承擔不起這天價的廣告費。

可是他並沒有失望，而是不停地到處打探，試圖能發掘出哪裡有便宜而且實惠的廣告位置。經過反覆尋找，他終於看好一個城市路口的看板。那裡是一個十字路口，車輛川流不息，但有一點遺憾的是，路人行色匆匆，眼睛只顧盯著紅綠燈和疾駛的車輛。在這裡做廣告很難保證有很好的效果。打探了一下價格，兩萬元，總經理很滿意，於是就租了下來。

對於總經理這個舉措，員工們紛紛提出質疑，但總經理只是笑而不答，彷彿一切成竹在胸。

舊看板很快撤下來。員工們以為第二天就能看到他們的辣醬廣告了。然而，第二天，員工們看到看板上根本就沒有他們的辣醬廣告，上面赫然寫著：「好位置，當然只等貴客，此廣告招租八十八萬／全年。」

天哪，這樣的價格該是這座城市最貴的廣告位了吧。天價招牌的衝擊力似乎毋庸置疑，每個從這裡路過的人似乎都不自覺地停住腳步看上一眼。口耳相傳，漸漸地，很多人都知道了這個十字路口上有個貴得離譜的廣告位虛席以待，甚至當地報紙都給予了極大的關注。一個月後，該企業的辣醬的廣告登了上去。

辣醬廠的員工終於明白了老總的心計，無不交口稱讚。辣醬的市場迅速打開，因為那「八十八萬／全年」的廣告價格早已家喻戶曉。而企業的辣醬成為這座城市的知名品牌。

這個故事告訴我們——高調做事靠的是智慧，別人永遠不會賦予你理想的價值，你必須自己主動去做一塊招牌，適當地放大自己的價值。

「世有伯樂，然後有千里馬，千里馬常有而伯樂不常有。」在當前競爭異常激烈的社會，千里馬千千萬萬，可伯樂稀缺，這時候，為引起伯樂的注意，千里馬就該高調做事，把自己的真本領展示出來。

一位行銷專業畢業的大學生，被一家大型企業錄取。剛開始時，他天天待在市場一線，與經銷商和終端摸爬滾打。業餘時間，他埋頭苦讀，然後結合實際市場操作，向公司內的報紙投稿，偶爾有文章還被刊登於報上。一次，公司報紙組織有關售後服務大討論的徵文比賽，他就把平常自己在工作中的一些體會總結出來，然後運用有關行銷理論進行了分析，寫出文章投過去。當時來自公司總部和各地市場的參選稿件有五百多份，評出獲獎者十名，他的名字排在了第三位。其文章恰好被當時分管市場工作的一位副總裁看到，認為文才不錯，有市場頭腦，就調到身邊從事市場調查研究工作，親自帶領教導，半年之後，他又被派到市場擔任縣級經理，然後是地級經理、省級經理。

通常來講，並不是每個一線員工都有接觸高層經理的機會，所以寄希望於一次偶然相遇的想法無異於「守株待兔」。但積極的做法應該是拓寬讓高層主管發現自己的管道。

這位行銷專業畢業的大學生就是透過自己的扎實學識、以發表文章的方式高調地「宣傳」了自己，最終更上一層樓。

有時，我們做事就該高調，這樣才能把自己推銷出去。

有的人本領平庸，但做事盡心竭力，他們比那些本領出眾但做事敷衍塞責的人強。

要賣別人想買的

市場行銷學中有一條鐵律——賣別人想買的。只有賣別人想買的，賓主之間才能一拍即合；而僅僅是賣自己想賣的，對方不想買，交易就很難成功。

推銷你自己時，也要記住這條市場行銷的鐵律。你帶去的，要是對方所需要的。假設你去求職，或者你已經是公司員工，你一定要搞清楚：「你的老闆想要什麼？」、「他付給你薪水，希望能從你這兒購買到什麼？」你必須非常清楚，因為他就是你的客戶，千萬別像拙劣的推銷員只知道喋喋不休地一味叫賣。其實，推銷的重要的不是你在賣什麼，而是對方究竟需要什麼。

也許有人認為自己有學歷、有經驗，別人應該會買。不，不一定的，即使你再加上有能力，別人也不一定會買。也許，別人希望看重的是潛力呢？

別人想要買的，並不會主動告訴你。因此，頂尖的推銷員總喜歡和他們的客戶做充分的溝通，知道對方要什麼，才有利於投其所需。你完全可以問對方：「您需要什麼樣的人才？」或者：「您覺得我還有哪些方面需要提高與改進？」類似的問題，還有很多。對方一定會樂於回答你，同時也感覺你是一個有上進心的人。

有時候，「客戶」的需求是隱性的，他甚至連自己還不知曉。但他真的很需要，你有義務幫他發掘出來。看戰國那些「嘴力勞動者」們，無一不是精於此道者。范雎就是戰國時期著名的「嘴力勞動者」，他原本是魏國小吏，受陷害逃亡秦國，使盡渾身解數把自己推銷給了秦昭王，輔佐昭王親政後他被拜為丞相，總算把自己賣了一個好價錢。但後來有一個叫蔡澤的「嘴力勞動者」瞄上了範雎的位置。

蔡澤被趙國驅逐，逃亡到韓、魏，途中又被人搶走炊具。正彷徨無奈之際，聽說秦相范雎先前重用鄭安平、王稽兩人後來兩人都犯下了重罪，以致使范雎內心慚愧不已。蔡澤便決定西行入秦，去拜見秦昭王，事先故意對人發出豪語，以激怒范雎：「燕國大縱橫家蔡澤，是天下雄辯豪傑之士。只要他一見到秦王，秦王必定任命他為相國，替代范雎的位置。」

范雎聽說之後，心想哪個不知天高地厚的傢伙來踩場子了，便派人找來蔡澤。兩個嘴力勞動高手見面了，從商鞅臣事秦孝公，談到比干忠君愛國，再到伍子胥、申生、吳起等。最後，蔡澤談到了越大夫文種，為越王勾踐開疆拓土，發展農業，率領四方軍隊和全國上下的人民，擊敗吳國生擒吳王夫差，完成了越國霸王功業，可是到頭來勾踐卻把他殺了。而同為越大夫的范蠡深知明哲保身之理，功成身退，遠離人間的是非之門，駕輕舟渡海遁世，隱姓埋名經商，而成為巨富陶朱公。

有了這些鋪墊，蔡澤直言不諱地告訴范睢：「如今閣下當了秦國相國，協助秦王將秦國強盛了起來，現在天下諸侯都畏懼秦國，秦王的欲望也得到了滿足，而您的功勳已經到了頂點。此刻如果不知及時隱退，商鞅、吳起、文種之禍不遠啦！您為何不在此時納還相印，虛相國之位以待賢人？這樣既可博取伯夷一樣的美名，又可長享富貴，更能和仙人王子喬、赤松子一般長壽。這些與日後身遭慘禍，自是天壤之別，您認為我說得有道理嗎？」

范睢很聰明，在蔡澤最後的底牌還沒亮出來之前，他一定已經發現了自身存在的巨大隱患。等到蔡澤把底牌亮明，直截了當地指明了自己亟待「購買」的東西，他完全沒有了拒絕的理由。蔡澤來推銷東西，很貴，要自己的相位來交換。但他賣給自己的卻是自己所需要的美名加上自己身家性命。特別是後者，還有什麼比性命貴的嗎？

毫無疑問，這場交易達成了。過了幾天，范雎入朝拜見昭王，對他說：「有位新從山東來的客人蔡澤，其人雄辯，臣閱人無數，更無人與之相比，臣自愧不如。」於是昭王召見蔡澤，相與言語，昭王十分讚賞，拜為客卿。范雎這時自思後路，便稱病不朝，並且借病辭官。昭王一再不准，范雎便推言病重。昭王無奈只得允准。昭王對蔡澤的計謀十分欣賞，任命他為相。

當落魄潦倒的蔡澤聽說范雎親手提拔的手下犯了重罪，馬上意識到正在鼎盛時期的范雎已開始有了隱患。深明盛極則衰道理的他，知道自己此時應該帶上「平安」貨物去賣給范雎——至於「美名」，只不過是「平安」之上華麗的包裝紙而已。這些謀略家之所以高明，在於能在凡人看到的日常事件背後看到別人潛在的需求，以搶先一步和需求者達成交易。想幹大事業的人，要向這些前輩們學習。他們雖然只是「嘴力勞動者」，但其中浸透了腦力和心力。

賣別人想買的。只有賣別人想買的，賓主之間才能一拍即合；而僅僅是賣自己想賣的，對方不想買，交易就很難成功。

關鍵時候勇於出手

伴隨著哨聲的響起，一隻籃球在空中劃出一條優美的弧線。現場數萬的觀眾屏住呼吸，連喜歡唧唧喳喳的解說員也閉住了嘴巴……

球進了！反敗為勝！頓時，現場一片歡呼，勝利的球隊陷入狂歡。

——相信以上的場景，喜歡看NBA職業籃球賽的人都見到過。一個球員進一千個球的價值，有時比不上關鍵時的一個反敗為勝的壓哨球。

當年麥迪在離終場哨聲僅僅三十五秒的時間，狂進十三分，以一分的領先優勢將馬刺斬於馬下。他如有神助的三十五秒，令其聲名大震。

身處事業賽場的人，也需要機會讓自己一戰成名，這是一個在「速食」年代出人頭地的最佳策略。你就像一個雄心勃勃的「板凳隊員」，隨時準備著教練的召喚，一有機會出現，就會不毫不猶豫地衝向賽場並且不辱使命。成為某個行業的偶像並不是白日夢，關鍵是為每一次可能出現的機會做好準備，絕不錯過任何一次表現自己的機會。勇於出手，並且出手必中。

湯姆克魯斯在出演《捍衛戰士》之前，只能在好萊塢扮演一些小角色，有時甚至連一分錢片酬都沒有。導演們拒絕他的理由是——不夠英俊，皮膚太黑了，演技太幼稚……等等。然而，這些在今天都變成了笑話。另外，像喬治．克隆尼在出演《急診室的春天》之前、金．凱瑞在出演《摩登大聖》之前、尼可拉斯．凱吉在出演《遠離賭城》之前，他們都不得不努力地去扮演各種小角色。絕不錯過任何機會的做法，使他們最終都變成了好萊塢的票房保證。

英國紀實小說家喬治．埃格爾斯頓曾講述這樣一個故事：

一天，在西格諾．法列羅的府邸正要舉行一個盛大的宴會，主人邀請了一大批客人。就在宴會開始前夕，負責餐桌布置的點心製作人員說，桌子上的那件大型甜點飾品不小心被弄壞了，管家急得團團轉。

「如果您能讓我來試一試的話，我想我能解決這個問題。」這時，一個孩子走到管家的面前主動請求。這個小孩是西格諾府邸廚房裡一個幹粗活的僕人的幫工。

「你？」管家很驚訝，「你是什麼人，竟敢這樣說話？」

「我叫安東尼奧．卡諾瓦，是雕塑家皮薩諾的孫子。」這個充滿自信的孩子回答道。

「小傢伙，你真的能做嗎？」管家半信半疑地問道。

「是的，我可以造一件東西擺放在餐桌中央，如果您允許我試一試的話。」小孩子開始顯得鎮定一些了。

這時，僕人們都已經慌得手足無措了。於是，管家只能答應讓安東尼奧去試一試，他則在一旁緊緊地盯著這個孩子，注視著他的一舉一動，生怕他把事情弄得更糟。這個廚房的小幫工不慌不忙地端來了一些黃油。不一會兒工夫，不起眼的奶油在他的手中變成了一隻蹲著的巨獅。

管家喜出望外，驚訝地張大了嘴巴，連忙派人把這個奶油塑成的獅子擺到了桌子上。

晚宴開始了。客人們陸陸續續地被引到餐廳裡來。這些客人當中，有威尼斯最著名的實業家，有高貴的王子，有傲慢的王公貴族，還有眼光挑剔的藝術家。但當客人們一眼望見餐桌上臥著的奶油獅子時，都不禁異口同聲地稱讚起來，一致認為這真是一件天才的作品。他們在獅子面前不忍離去，甚至忘了自己來此的真正目的。結果，整個宴會變成了對奶油獅子的鑒賞會。客人們情不自禁地細細欣賞著獅子，不斷地問西格諾·法列羅，究竟是哪一位偉大的雕塑家竟然肯將自己天才的藝術浪費在這樣一種很快就會融化的東西上。法列羅也愣住了，他當即喊管家過來問話，於是管家就把小安東尼奧帶到了客人們的面前。

當這些尊貴的客人們得知，這個精美絕倫的奶油獅子竟然是這個小孩在倉促間完成的，眾人不禁大為驚訝，整個宴會立刻變成了對這個小孩的讚美會。富有的主人當即宣布，將由他出資給小孩請最好的老師，讓他的雕塑天賦充分地發揮出來。

西格諾．法列羅果然沒有食言，但安東尼奧卻沒有被眼前的寵幸衝昏頭腦，他依舊是一個淳樸、熱切而又誠實的孩子，孜孜不倦地刻苦努力著，他希望自己真的成為一名優秀的雕塑家。也許很多人並不知道安東尼奧是如何在關鍵時刻挺身而出展示自己的才華的；然而，卻很少有人不知道著名雕塑家卡諾瓦的大名，他是世界近代史上最偉大的雕塑家之一。

如果你正在為缺少表演機會而心有不甘的話，或者因為總是扮演一些小角色而鬱悶，請你相信這只是個過程。事實上，在你的公司裡根本就沒有什麼「小角色」，只有那些自己看扁自己的「小人物」。只要你願意，會議、培訓、提案……公司的任何一項日常活動都能成為你表演的舞臺。當那些「小人物」遲疑、退縮的時候，你應該信心十足地說：「我可以表達自己的想法嗎？」「讓我來試一試吧！」「我相信我能做好！」

如果對自己的能力還沒有信心，那建議埋頭苦練，什麼都別說。如果你認為缺的是機會，那就努力演好目前的角色，使自己養成每次都做得很好的習慣，成功應該離你不遠。

不要讓追求之舟停泊在幻想的港灣，而應揚起奮鬥的風帆，駛向現實生活的大海。

推銷真實的你

優秀的推銷員絕對不會為了推銷出自己的產品而誇大其詞，因為他們知道口碑的重要性。我的一個朋友劉女士是某公司的人力資源部的經理，曾經告訴我一個有關招聘的故事。她說在一次針對應屆畢業生的招聘中，某職位有二十多個求職者，居然除了一個人外，其他的人在簡歷上都表示自己是學生會主席。經過初步的審查後，最終有五個進入複試。坦白地說，這五個人面試時的表現都不相上下，錄取誰都說得過去。最後，我的朋友選擇了那個不是學生會主席的同學。

為什麼會是這樣呢？倒不是她對於學生會主席有什麼偏見。原因在於她每次接到的簡歷中，大部分都戴著「學生會主席」頭銜。毫無疑問，這中間一定有多數是假冒的。當然，要鑒別真假也不是一件特別難的事，但久而久之，她似乎對於鑒別真偽有些煩了。於是，乾脆大筆一揮，錄取了這個非學生會的主席。

劉女士的做法似乎不大公平，因為她可能會因此而「錯殺」了真的學生會主席。好在用人單位像她那樣武斷的很少。但無論如何，我們在推銷自己時，都不應該存在虛假成分。否則，一旦發現「貨不對板」，品德上的污點是很難洗乾淨，也無法用其他東西（比如能力）來彌補的。

無論你是向用人單位，還是向誰推銷自己，都要記住：「推銷出真實的自己。」有一個外企求職者在求職信中寫到自己的興趣愛好時，寫了喜歡旅遊和攀岩，其實此人很少外出，對攀岩更是一無所知，但為了以具有冒險精神及前衛形象吸引招聘者，故意加了這兩條。後來在面試中，主考官談到自己也是個攀岩愛好者，想與該求職者切磋。求職者立即面紅耳赤，手足無措，不得不承認自己說了謊。面試的結果，我們可想而知。還有一些公司在搞招聘時，會故意設下陷阱，考驗求職者是否誠實。

一個謊言是需要一百個謊言來掩蓋的。不如做真實的自己，把真實的自己推銷出去。

執著的攀登者不必去與別人比較自己的形象是否高大，重要的是要多多思考自己前進的腳步是否扎實。

緊緊抓住別人的注意力

電話機的發明者貝爾在發明電話過程中，遭遇了資金的掣肘。他找到朋友休巴特先生的家中，希望他能對他正在進行的新發明投資。

貝爾是如何說服休巴特先生呢？是開門見山就大談預算能獲得多少利益嗎？是把他的科學原理給他解釋一番嗎？不！貝爾絕不會做這種傻事的！他隻字不提他的真正意圖，而是預先設計安排好了一個「局」。貝爾不但是個發明家，而且還是一個出色的創業家。

據貝爾的傳記所述：

他彈著鋼琴，忽然停住了，向休巴特說：「你可知道，如果我把這腳板踏下去，向這鋼琴唱一個聲音，比方說「哆」，這鋼琴便也會重複彈出這個聲音「哆」。這事您不覺得有趣嗎？」

休巴特當然不相信。他放下手中的書本，好奇地詢問貝爾是否是在開玩笑。於是貝爾便詳詳細細地給他解釋了電話機的原理。這場談話的結果，休巴特很情願負擔一部分貝爾的實驗經費。

貝爾的決勝策略，其實非常簡單，在講他的故事之前，他先設法引起對方的好奇心。他無師自通，巧妙運用了「引起他人注意」的祕訣。

表演展示一些新穎別致的事情，貝爾牽引著休巴特對他的理想發生興趣，這是一種很有力量的策略。然而，這一計策的運用也並非沒有地雷暗礁，我們常常見到許多奇妙的技藝終歸於失敗，結果不過是看客們一聳肩膀或一揚眉毛。這便是沒能夠真正運用這個祕訣的緣故。

而貝爾卻能夠以「新穎」混於「熟悉」之中，很自然地運用了這個計策。休巴特的鋼琴就是幫他完成妙計的唯一功臣。

然而，新穎的東西固然引人注目，但未必都能牢牢吸引我們。我們常常情不自禁、窮追不捨地要弄個明白的新穎的事物，都是有某種條件的，那就是這些新穎的東西必須包含我們熟悉的成分。倘若不能觸及我們自己的經驗，我們還是不會深切注意它們的。

所以，我們可以下這樣的斷語：「新穎的東西，必須與我們的經驗接近才能夠引起我們強烈的注意，引起我們的好奇心。」

據說，貝爾在平時談話中，也緊守著這個方略。他是一個很健談的人，而且別人都喜歡聽他的談話，因為他的談話常是根據別人的興趣和經驗，再穿插以新穎的資料，因而他能夠使他談的事情都像戲劇一樣有趣。

當我們在推銷自己理念或產品時，不妨學習貝爾的方法，用新穎的事物吸引對方的注意力，再圍繞這一新穎的事物展開自己的說服。

人生在世，事業為重。一息尚存，絕不鬆勁。東風得勢，時代更新，趁此機，奮勇前進。

迎合別人的經驗及需求

在紐約，著名編輯肯尼士當年初入報界求職的時候，便是迎合了別人的經驗和需求才獲得成功的。

十八歲的肯尼士隻身一人來闖紐約，他的第一個問題便是要向一個完全不認識的人求得一個編輯的職位。當時的紐約有成千上萬的人失業，而所有的報館都被找職業的人包圍著，在這樣艱難的時期，這種嚴重的關頭，他的問題是多麼難解決呀！他唯一所謂的優勢，無非是他曾在一家印刷廠做過幾年排字工。

肯尼士跑的第一家便是《紐約新聞》，因為他早已知道這家報紙的老闆格里萊少年時也曾像他一樣，做過印刷廠的學徒。因此，他料定格里萊對於一個與他有相同遭遇的孩子，一定會表示高興和同情的。果然，格里萊錄取了他。

肯尼士所以能輕易地使老闆相信他是值得僱傭的人，完全是因為他知道運用「接近別人的經驗」的策略，能夠借用格里萊自己的經驗來表達他的思想。

石油大王洛克斐勒的兒子是一個聰明的人，在中年時期，一次他曾帶了三個孩子出去旅行，不料被許多攝影記者包圍住了。他很不願意把孩子的照片刊登出來，但是他能當場表示拒絕嗎？不！他想，要既不讓這些攝影記者掃興，又使他們同意不拍攝他孩子們的照片。

小洛克斐勒與他們談話時，並不把他們當做新聞記者，而是當做是他的師長或父輩。他與他們討論，他表示刊登小孩子的照片，似乎不是教育兒童的好方法。於是這些攝影記者同意他的意見，很客氣地走了。

帕絲女士也曾運用同樣的方法與態度強硬的犯人談話，交談不到幾分鐘，竟使那些犯人涕淚交流地跪了下來。

她首先就和犯人們談他們幼年時候的事情，以勾起他們以往的一切經驗。犯人們大概都能抵抗一切外來的刑罰、威脅，然而對於這些內心升起來的種種回憶，可就沒有能力去抵抗了。結果，許多冥頑不化的犯人都被帕絲女士轉變成為溫良和順之人，成為有用之才。

美國的鐵路專家查頓到英國去做大東鐵路公司的總裁。到任之時，人家對他的反對就像「早春的寒霜」。原來大東的職員有一個傳統觀念：「沒有一個美國佬有擔任大東總裁職位的資格。」查頓是美國人，竟然當了總裁，於是便犯了眾怒。但查頓並不著急，他只運用了一些策略，便平復了眾人的敵意。他究竟運用了什麼策略就消釋了他們由傳統觀念而產生的敵意呢？那便是根據他產生敵意的經驗，去迎合他們的意志並做出公開的演說。他說他到英國來擔任這個職務，並不是為了什麼榮譽，也沒抱什麼希望，他所需要的只是能有一個「戶外競技的機會」罷了。幾句話下來，果然使成千上萬的大東職員們靜默下來。

美國著名演說家喬登之所以能保持演說家的地位長久不衰，關鍵在於他善於應用這種策略。

有一次，他在一個陶瓷學校演說，第一句便說自己是校長手裡的「陶土」，接著再說遠至古代以來的陶瓷簡史，使全校師生都聽得非常滿意。

又有一次，他在一個漁民集會上演說的時候，開頭就把自己比作一條「異魚」，他說：「這條異魚也許會使你們釣魚的本領意外進步，或許反而使你們釣魚的本領退步。」他說了這樣的妙語之後，才接下去演說英國漁業委員會繁殖江河魚類的偉大計畫和成績。

而在一所英國學校演說時，他則列舉一大串從該校畢業出來的著名人物，借此說明英國的教育是多麼卓有成效，勝人一籌。當然，他的演說受到熱烈的歡迎，因為他的一切演說的重點總是集中在別人的興趣上。

《演說術》一書的作者菲利浦曾說：「以聽眾的經驗來發揮，乃是演說術的第一要義。演說者把他的思想熔鑄在聽眾本身經驗中越多，便越容易達到演說的目的。」

菲利浦舉例說：「當我告訴一個朋友說：『我的鄰居買了一車紫苜蓿。』這話可能使他不懂，如果我接著解釋『紫苜蓿是一種草料』，於是他立刻有了紫苜蓿的印象，不容易懂的話就變得容易懂了。這就是解釋已涉及聽者自己的經驗範圍之內的緣故。」所以，菲利浦的結論是，「參考聽眾的經驗，就是侵入聽眾的生命。」

總之，當你想抓住別人的注意，使他們聽信於你的時候，建議你小心地從他們自己的經驗及需求中接近他們，用他們的語言來發揮你的思想。

應酬學上有一條原則是——先適合別人的需求而後達到自己的需求。

自己為自己熱烈鼓掌

有許多對自己要求嚴苛的人，遇到失意或者失敗的時候，特別不容易原諒自己。他們給自己設定的標準很高，現實中他們又難以完全達到這樣的標準，因此，他們總是陷在一種悶悶不樂的情緒中。

自己為自己熱烈鼓掌

這裡不是說需要放棄對完美的追求，而是說，假如你給自己定下了很高的標準，你需要有適當的平衡。也就是說，你需要不時讓自己快活一下，適時獎勵一下自己，享受一下生活。若是沒有這種平衡，很高的標準未必是件好事情，它只會導致壓力的加重，隨之而來的可能是神經緊張，一點點小的挫折和失意，就可能將你壓垮。

動物學家在研究動物的行為時，發現了一個非常有趣的現象——當人們對動物的某種行為進行獎賞時，它的這種行為的強度就會增高。相反，當對某種行為進行懲罰時，這種行為發生的概率就會大大降低。

現代社會的競爭越來越激烈，人們自身的壓力也越來越大。近幾年，各類精神疾病患者的數目逐漸增加，神經衰弱患者隨處可見，抑鬱症患者屢見不鮮，自殺慘劇時有發生……面對著來自各方面的壓力，我們如何才能夠在重重壓力之下學會釋放自己、調節自己、愉悅自己呢？讓各類疾病遠離我們，讓輕鬆和愉快圍繞我們，讓緊張和忙碌脫離我們，讓健康和充實伴隨我們。祕訣只有一個，那就是——給自己獎賞！

有句名言：「不想當將軍的士兵不是好士兵。」是的，生活中，人人都渴望成為將軍、成為明星、成為大款。可是，生活又往往是那樣的不近人情，使大千世界中能人與凡人之間形成一種不盡如人意的金字塔結構，只有少數人居於塔尖，而太多的人只能居於塔底，做平凡人，做平凡事。但是，只要我們平靜自己的心態，給自己以「獎賞」，平凡人生也精彩。其實，你不必太在意生活中的榮譽，不必太在意事業上的花環，只要你認真地做好每一件平凡小事，就不會在得不到殊榮時痛苦懊惱，在成不了將軍時自暴自棄，在當不上明星大款時嗟嘆傷心，在得不到大獎時怨天尤人。

生活本是一件很簡單的事，只需一路流浪一路看，一路打拚一路獎賞。一些看似聰明的人之所以不能舒舒服服地享受上帝贈給他們的光怪陸離的社會或生活，就是因為他們奢求太多，急功近利，不知道獎賞自己，平衡自己的心理。

為自己鼓掌，哪怕是很短暫的一會兒。在勞累了一天之後，給自己泡杯熱茶，讓一股茶的清香之氣滲入肌膚的每一個毛孔，定然會神清氣爽；讓自己聽聽音樂，在輕柔的樂曲聲中讓勞累了一天的身心得到片刻安逸與休憩，細細品味生活的樂趣。

為自己鼓掌，這是每個人必備的生存之技。面對著競爭日益殘酷的現代社會，人與人之間的關係也越來越冷漠，越來越淡薄。當你跌倒時，沒人會扶你一把；當你失意時，沒人會慰藉你。這時，你只有自己相信自己，自己賞識自己，才能夠在這個競爭激烈的社會之中立於不敗之地。

為自己鼓掌，學會在自我激勵之中漸漸長大。隨著年齡的增長，日漸成熟的我們也

自己為自己熱烈鼓掌

在一天天走出父母那溫暖的懷抱。當我們步入社會，被外邊的風雨吹打得七零八落，身邊再也沒有一個可供自己依靠的臂膀，耳旁再也沒有老師那一句句關切的話語。每每這時，我們只有學會自己鼓勵自己，自己肯定自己，才能夠在歷經狂風暴雨的侵襲之後依舊傲然挺立，雷打不動。

綠葉盡情地釋放自己，映襯了荷花，撐出了一方綠蔭，雖沒有誰的讚賞，最後橫黃凋敝，但蓊鬱的綠蔭是荷花給自己的獎賞；雪忍受著深深的寂寞，用自己的軀體呵護著麥苗，雖最後消融，但它不後悔，農夫感恩的笑顏是雪給自己的獎賞。一杯氤氳的清茶，一份恬淡的心情，一縷清幽的書香，這都是人生的境界。不要刻意追求所謂的物質財富，不要把「萬般皆下品，唯有讀書高」定格在腦海中，要知道物質並不是一切，功名只不過是身外之物。

獎賞是每個會享受的人的必修課，獎賞是三春和暖的南風，驚醒樹枝上欲放的新芽，增添少女頰上的紅暈；獎賞又如普照的陽光似瀑布般傾瀉而下，撫慰你疲憊不堪的軀殼；獎賞也似一派浩瀚的大水，從來不可追尋的深淵，在大地的懷抱中終古地流著、不息地流著，我們只是兩岸的居民，憑藉這恩惠的天賦，灌溉我們心靈的稻田，緩解我們的消渴，洗滌我們心靈的污垢。

當你失意的時候，當你絕望的時候，當你勞累的時候，當你孤獨的時候，千萬不要忘記為自己鼓掌，哪怕是短暫的一會兒。只有這樣，你才會覺得天是藍的，海是深的。只有這樣，你才會覺得生命如此美好，陽光如此燦爛。

一個人如果不到最高峰，他就沒有片刻的安寧，他也就不會發覺到生命的恬靜的光。

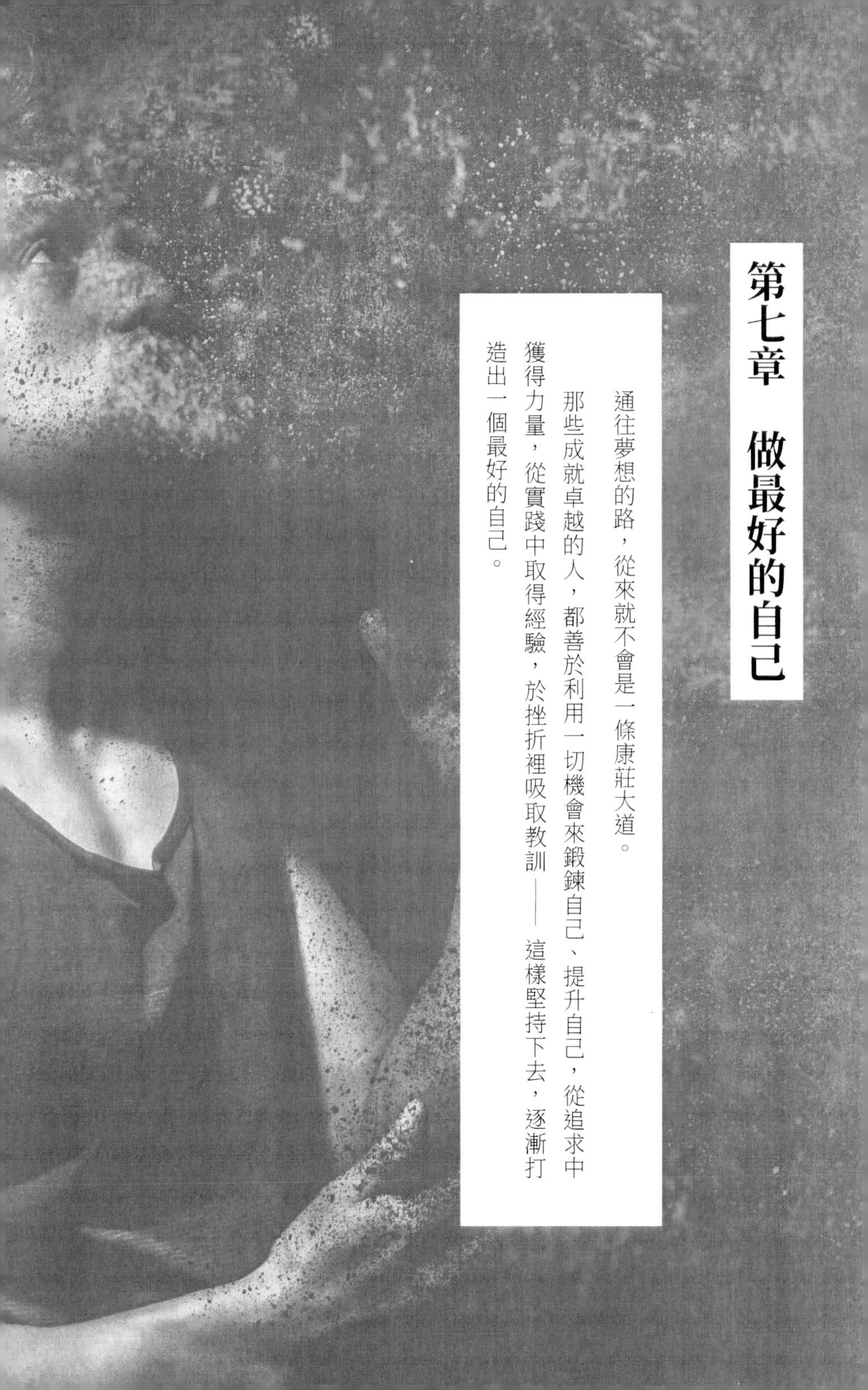

第七章　做最好的自己

通往夢想的路，從來就不會是一條康莊大道。

那些成就卓越的人，都善於利用一切機會來鍛鍊自己、提升自己，從追求中獲得力量，從實踐中取得經驗，於挫折裡吸取教訓——這樣堅持下去，逐漸打造出一個最好的自己。

吃苦耐勞造就優秀

「吃不了苦」是時下一些人的通病，他們總是對目前的工作感到不滿，總想找一個既輕鬆又能賺大錢的工作。結果往往是好機會沒有降臨，寶貴的年華卻虛度了。

有道是：「吃得苦中苦，方為人上人。」特別是在生活水準不斷提高的今天，我們更要提倡吃苦耐勞的精神。沒有誰喜歡苦難，但成功者大多是從苦難中走出來的。吃苦耐勞不僅是一種精神、素養，也是一種資本，它能豐富人的社會生活經驗，磨練人的意志，使人變得成熟。

看過韓國電視劇《大長今》的觀眾都為長今的聰明所折服，但她的吃苦耐勞精神則更讓人動容。

有一次，土雨來臨時，在那麼多的人中，只有大長今做到了每天從天不亮就燒水洗碗直到深夜。韓尚宮讓她「去尋找一百種可以吃的水」、「去采一百種野菜，並要懂得分辨哪些野菜可以食用，哪些野菜是有毒的」，她克服種種困難，透過自己的勤奮達到了韓尚宮的要求。而從小失去味覺的大長今透過後天的勤奮練習、不懈的努力終於掌握了「畫出食物味道」的本領。

吃苦耐勞造就優秀

還有一次，大長今一心只想在比賽中取勝，於是用了尋常百姓們吃不起的上好牛骨燉湯，違背了太后娘娘要為百姓找出新食物的用意，結果輸掉了比賽。為了讓大長今好好反省自己所犯下的錯誤，韓尚宮派大長今到雲岩寺去伺候年邁臥病在床的老尚宮。大長今苦苦哀求韓尚宮將自己留在宮內，韓尚宮卻不為所動。大長今走了之後，連生、阿昌和令路都想成為韓尚宮的上贊內人，可是韓尚宮用平時訓練長今的方式訓練她們時，她們根本都做不到。韓尚宮問她們：「你們都是怎麼搞的？說好了要做到，為什麼不做呢？」令路回答說「我做不到。」阿昌回答說：「我也是。」最後連生也說：「我也是。」為什麼令路、連生和阿昌都做不到呢，是因為她們根本就沒有大長今吃苦耐勞的精神。

大長今能從小宮女，一直做到「三品」並任皇帝的主治醫生，靠的就是她一步一個腳印，腳踏實地的勤勞苦幹。

可以說，吃苦耐勞是獲取成功的心理祕訣，也是每一位渴望走向成功的人應該具備的基本素養。「苦盡甘來」，當一個人透過勤勞苦幹，讓自己的能力提高到了一定的程度時，自然有各種發展機會降臨。

香港商人李嘉誠，被美國《時代》雜誌評選為全球最具影響力的二十五位企業界領袖之一，同時他也是香港歷史上的第一個千億富翁。他所建立的長江實業為香港的第一大企業集團，他的成功離不開吃苦耐勞精神。

李嘉誠幼年喪父，家庭的重擔由他一肩扛起。十四歲，正是一般青少年求學的黃金歲月，應該是無憂無慮的，然而迫於生計的他不得不選擇輟學，走上謀職的道路。他好不容易在港島西營盤的春茗茶樓找到一份擔任服務生的工作，每天清晨五點左右一般人都還在睡夢中的時候，他就必須提起精神從溫暖的被窩中爬起，然後趕到茶樓準備茶水及茶點。每天他的工作時間長達十五小時以上。生活簡直就是一場嚴酷的考驗與磨練。

舅父非常疼愛李嘉誠，為了讓他能夠準時上班，就買了一隻小鬧鐘送他。他把鬧鐘調快了十分鐘，以便能最早一個趕到茶樓開門工作。茶樓的老闆對他的吃苦肯幹深為讚賞，所以李嘉誠就成為茶樓中加薪最快的一位員工。

曾有人問李嘉誠的成功祕訣。李嘉誠講了下面這則故事：

在一次演講會上，有人問六十九歲的日本「推銷之神」原一平其推銷的祕訣是什麼，他當場脫掉鞋襪，將提問者請上講臺，說：「請你摸摸我的腳板。」

提問者摸了摸，十分驚訝地說：「您腳底的老繭好厚呀！」

原一平說：「因為我走的路比別人多，跑得比別人勤。」

李嘉誠講完故事後，微笑著說：「我沒有資格讓你來摸我的腳板，但可以告訴你，

吃苦耐勞造就優秀

我腳底的老繭也很厚。」

李嘉誠講的這個故事，給我們這樣的啟示：人生中任何一種成功都不是唾手可得的，不能吃苦、不肯吃苦，是不會有成就的。

有句古語說得很好：「天將降大任於斯人也，必先苦其心志，勞其筋骨，餓其體膚，空乏其身，行拂亂其所為，所以動心忍性，增益其所不能。」也就是說，上天將要降落重大責任在某個人身上，一定要先使他的內心痛苦，使他的筋骨勞累，使他經受饑餓，以至於肌膚消瘦，使他受貧困之苦，使他做的事顛倒錯亂，總不如意，透過種種磨難來使他的內心警覺，使他的性格堅定，增加他本不具備的才能。

將吃苦耐勞與成功絕對分開是不可能的。沒有汗水怎會有收穫呢？成功是對吃苦耐勞的獎賞。那些能吃苦耐勞的人，很少有不成功的。這是因為苦吃慣了，便不再把吃苦當苦，遇到挫折也能積極進取；怕吃苦，不但難以養成積極進取的精神，反而會對困難挫折採取逃避的態度，這樣的人當然也就很難成功了。

我們每個想成功的人，都要有吃苦耐勞的品格，不要輕視它，而要欣賞它。當你獲得成功時，你就會明白，原來吃苦耐勞對人生來說是多麼重要啊！

不要嘲笑鐵樹。為了開一次花，它付出了比別的樹種更長久的努力。

保持對自己最大的信心

自信是個古老的話題。千百年來，人們出於創造美好生活的目的，都對信心抱有崇高的期望。十九世紀思想家愛默生說：「相信自己『能』，便攻無不克。」《聖經》裡說：「如果你有一點信心，你即會對此山說，由此處往彼移，而它就真的會移動。因而沒有一件事對你而言是不可能的。」

如今，我們生活在競爭異常激烈的社會裡，如果沒有充分的自信是很難取得成功的。自信是開啟成功的「金鑰匙」。有了它，就算身處絕境，亦能柳暗花明。

我們要學會欣賞自己，把自己的優點、長處，統統找出來，在心中「炫耀」一番，反覆刺激和暗示自己「我可以」、「我能行」，就能逐步擺脫「事事不如人，處處難為己」的困擾。「天生我材必有用」，自己給自己鼓掌，自己給自己加油，自己給自己戴朵花，便能撞擊出生命的火花！

自信是一個人重要的精神支柱。自信是相信自己有能力實現自己既定目標的心理傾向。自信是建立在正確的認知基礎上、對自己實力的正確估計和積極肯定，是心理健康的表現。戰國時期毛遂因為有自信，才說服平原君，打動楚王，使得趙楚達成聯盟；愛迪生因為自信，他堅持不懈，成就了他「發明大王」的美譽；哥白尼因為自信，勇於挑戰「地心說」，成就了他的「天體論」；阿基米德因為自信，發出了「給我一個支點，我就能撐起地球」的豪言壯語。

這裡有個故事：

維克多·格林尼亞年輕時是英國馬瑟爾堡地區很有名的一個浪蕩公子。有一次，在一個盛大的宴會上，他像往常一樣傲氣十足地邀請一位年輕美麗的小姐跳舞，那位女孩覺得受到了極大的侮辱，怒不可遏地說：「算了，請你站遠一點，我最討厭像你這樣的花花公子擋住我的視線。」這句話刺痛了維克多·格林尼亞的心，他在震驚、痛苦之後，猛然醒悟，對自己的過去無比悔恨，決心離開馬瑟爾堡，去闖一條新路。他在留給家人的紙條上說：「請不要問我的下落，容我刻苦努力學習。我相信自己將來會創造一番成就的！」結果，經過八年的刻苦奮鬥，他終於發明了以他的名字命名的「格氏試劑」，並榮獲諾貝爾獎，成為著名的化學家。

人並非天生偉大，成功者也不是天生之才，而且也不一定在少年或青年時代就是出類拔萃的人才，而自信卻能決定一個人是否走向成功。像維克多·格林尼亞這樣的「浪子回頭金不換」，不就印證了這個道理嗎？

無疑，你可暫時放鬆你的理智和意志力，並完全敞開你的胸懷去接受無窮的智慧，思想是一個人有權掌握的唯一物件，你必須控制你的思想，使它儘早敞開以接受無窮的智慧和力量。喬·特納維爾說：「無論你的內心所懷抱著的意念和信仰是什麼，他都可能成為現實。因此，切勿在通往無窮智慧的道路上自設路障，就像當陽光透過三稜鏡時會分成很多道光束一樣，當自信化作無窮智慧通過你的內心時，也會綻放出不同的光芒」。

自信不是夜郎自大、得意忘形，更不是毫無根據的自以為是和盲目樂觀，而是激勵自己奮發進取的一種心理素養，是以高昂的鬥志，充沛的幹勁迎接挑戰的一種樂觀情緒。自信，並非意味著不費吹灰之力就能獲得成功，而是說戰略上藐視困難，從一次次勝利和成功的喜悅中肯定自己，不斷地突破自卑的羈絆，從而創造生命的亮點，成就事業的輝煌。

自信、自卑、自負是人的三種截然不同的心理狀態。自信、自卑、自負三者之間沒有絕對的界限，自信不足，則是自卑；自信有餘，則是自負。自信是對自我價值的認可與堅守。自信是成功的基石，自卑和自負則是失敗的滑梯。自卑是這樣一種心態——對自己沒有信心，看不到自己的優點，總拿自己的缺點與別人的優點相比，不能充分地認識自己，對自己過分貶低。自負則是這樣的心態——對自己太過自信，看不到自己的缺點，優點是優點，缺點還是優點，並對自己盲目樂觀。自卑和自負者不會成功，楚霸王自負而垓下慘敗，關羽自負而痛失荊州，拿破崙自負兵敗滑鐵盧。

而因自卑導致失敗的人就更多了。下面列舉一例：

一九五一年，英國有一名叫富蘭克林的人，從自己拍得極好的DNA（去氧核糖核酸）的X射線衍射照片上發現了DNA的螺旋結構之後，她就這一發現做了一次演講。然而，生性自卑的她又懷疑自己的假說是錯誤的，從而放棄了這個假說。一九五三年，科學家沃森和克裡克也從照片上發現了DNA分子結構，提出DNA雙螺旋結構的假說，從而帶領人類進入生物時代。兩人因此獲得了一九六二年度諾貝爾醫學獎。

如果富蘭克林不因自卑放棄，而是堅信自己的假說，進一步進行深入研究，這個偉大的發現肯定會以她的名字載入史冊。可見，一個人如果做了自卑情緒的俘虜，是很難有所作為的。

由此可見，信心是一種精神狀態，它是靠調整你的內心，讓你去接受無窮的智慧，信心是「成功」的發電機，也是將你的想法付諸實現的原動力。我們應該有這樣一種精神——不斷挖掘自己的自信。

自信是一顆火熱的太陽，使我們感受到它的溫暖；自信是心底的一顆寶珠，什麼時候用它，什麼時候就會發光；自信是前進的助推器，給我們以勇氣與力量；自信是征途的導航燈，伴我們跨過一道道艱險的門檻。

要想成為強幹，絕不能繞過擋道的荊棘，也不能回避風雨的沖刷。行路人，用足音代替嘆息吧！

培養一點「領袖氣質」

什麼是領袖氣質？

所謂「領袖氣質」，不僅僅是指一個人在團體中充當著核心的角色而已，同時也指一個人透過言行指引團體出色地完成某些任務的能力。從團體角度上來看，這是一種管理能力的展現；從人格上來看，這是一種難能可貴的人格魅力。千萬不要以為「領袖氣質」離自己很遙遠，其實，具有這種領袖氣質的人並不一定是什麼高層管理者、大人物，無論在大團體還是小團體中，也許總會有個能夠說服他人、引導他人、調配他人的「小人物」出現，而即便就是這樣的「小人物」，也往往都是具有領袖特質的人。

培養一點「領袖氣質」

李曉東是某村村黨支部書記，可是，在村民眼裡，他一點威嚴都沒有，甚至都比不上村主任，每次，他提的建議都只是獲得很少人的回應，這讓他心裡很不是滋味。

也許，你也同樣遇到過這樣的難題。同一樣的建議，從你的口中說出與他人口中說出所產生的是截然不同的兩種效果。在某些方面，才能比他更出色的你，為什麼卻無法像他那樣得到團體的認可呢？原因很簡單，就是你缺乏領導氣質。

擁有領袖氣質，就像一個人永遠擁有閃耀光輝的勳章一樣。人生是充滿無限可能的旅途，也許在這段路上你會撿到財富、地位、權力等等一切，而這就跟一個頑童所發現的草中石子沒有什麼區別，只是代表你撿到了，你付出的努力只是彎下腰而已，你得到的原因只是靠好運氣而已。而唯有那內心和氣度的強大，唯有以一己的意志領袖人群的氣質，才是一個人真正的榮光。

可以說，領袖氣質是社會對人才的要求，是在社會競爭中有實力獲得成功的人的一種素養。一個組織、一個企業、一個單位需要具有領袖氣質的人帶領前進。現代社會更需要的是具有創業意識的人才。

那麼，如何培養自己的領導氣質呢？有關專家給出了以下的答案：

第一，誠實守信。試想，一個欺詐而不講信用的人，連人格都讓人產生懷疑，怎麼可能在他人心裡樹立權威形象呢？所以，誠實守信是培養「領袖氣質」的基本條件。

第二，重視身邊的每一個人。你要讓別人重視你，樹立起你的權威形象，就必須學會重視別人。現代社會中，生活節奏加快，交流增多，「Hi」一聲就可以認識一位新朋友。也許對你來說，記住每一張新面孔實在不是一件易事，於是，再次見面卻想不起他人名字的尷尬場景便會常常發生在我們身上。可是，有誰意識到這其實是對他人的一種忽視和不尊重呢？心理學家發現，當許多人坐在一起討論某個問題時，如果你在發言中提到了多位同事的名字及他們說過的話，被提到的那幾位同事就會對你的發言重視一些，也容易接受一些。為什麼一個稱呼會有這麼大魔力呢？那就是「被重視」這個因素在起作用。所以，讓我們從記住別人的姓名做起，重視身邊的每一個人，你才能得到其他人的重視和尊重。

第三，從大局的利益出發。一個人待人處世如果只從自己的利益出發，那就不可能得到團體的認可，也更談不上樹立自己在他人心目中的權威形象了。如果一個人只考慮到自己的情況，沒有從大局考慮，他的行為自然得不到大家的認可。其實，這種情況常常在我們的生活和工作中發生。因為人總是會自覺或不自覺地從自己的角度出發來考慮和處理工作，如果你學會設身處地地為他人著想，你就可以得到大家的信任。

第四，學會傾聽。在日常生活中，有一些人在大家七嘴八舌的討論時，他總是一聲不吭地在一邊靜靜地坐著，仔細聆聽著別人的發言，到最後，他才會站出來果斷地說出自己的意見，這時，他總會贏得眾人最持久最熱烈的掌聲。為什麼會產生這樣的效果呢？因為他明白，「聽」首先是對他人的一種尊重，同時也可以幫助自己了解別人的思想、了解別人的需求、了解自己和別人的差異，知道自己的長處和不足。當掌握了一切資訊以後，他所提出的意見就會站在一個新的起點上、站在團體的角度上。所以，最後的發言在某種時候，因為掌握了更多的資訊，見解也就更深入、更權威。而如果你每一次的意見都是相對正確的，那麼自然而然地在他人心中樹立起權威形象。

第五，果斷地提出你的意見。有些人，在工作中面對某些問題時，明明有自己的見解，卻思前想後、猶猶豫豫，等到其他同事提出時才懊悔不已。一次又一次地錯過，使得你失去了很多表現的機會。還有一些人，平時說話老是模稜兩可，明明是一個正確的意見，卻讓他人產生模糊的感覺，這也會讓他人對你的權威性產生懷疑。

你既然認准一條道路，何必去打聽要走多久。如果為了安全而不和大海在一起，船就失去了存在的意義。

向王寶強學點「寶氣」

這是一個關於夢想、奮鬥與成長的故事。

一個八歲的農村孩子一個天真的夢想，在十六年後變成了現實。為了這個夢想，他走在奮鬥成長的路上。他離開家鄉，在少林寺學藝六年。他離開家鄉，在北京電影製片廠的門口蹲候三年。他在工地上搬磚、運沙，以湊齊房租與維持生活費。

他甚至沒有初中學歷，也沒有帥氣的外表以及精湛的演技。他傻傻乎乎、大大咧咧、普普通通，用十六年的時間，完成了這個青春時代的奮鬥史。他用不拋棄、不放棄的精神製造了一個喧囂時代的夢。

是的，他叫王寶強。知名導演馮小剛這樣評價他：「每個人都有一個夢想，王寶強完成了自己的夢想。」著名歌星兼影星劉若英站在舞臺上大聲宣布：「將我的歌送給他！」然後唱起了《最好的未來》：「每個夢想都值得灌溉，汗水眼淚成了雨滴就能滋潤大地。每個不放棄的孩子都應該被寵愛，他們是世界的未來。」

一九九二年，如同大多數看了電影《少林寺》的孩子一樣，農家娃王寶強跟父親吵著要去少林寺學武。窮人家的孩子如草一樣，在哪裡都一樣倔強生長。所以王寶強的父母也沒有怎麼猶豫，就將八歲的兒子從河北南和縣送到了河南的少林寺。

一九九八年，十四歲的王寶強離開了少林寺，回到家鄉。王寶強家裡很窮，而在家鄉那片貧瘠的土地上，王寶強找不到改變家庭與自己的命運的舞臺。於是，在一九九九年三月，十五歲的王寶強來到了北京，決心像他的同門前輩李連傑一樣，靠當武打演員改變自己的命運。

王寶強一直夢想能成為李連傑式的武打明星。但如同大多數做明星夢的人一樣，王寶強一開始只能蹲在北京電影製片廠的門口，和千百個群眾演員在一起「蹲活兒」，等待一個「匪兵甲」之類的角色，用辛勤的汗水獲得生存的口糧。群眾演員的報酬很低，大多數時候一天只有二十到五十元。即使是這樣廉價的薪酬，演戲的機會也是難得。在北漂的最初兩年，王寶強每個月平均不夠十次當群眾演員的機會。八個人合租月租八十元的農民房，兩毛錢一個的大饅頭加白開水，組成了王寶強的生活。

有一次，王寶強得到的第一份當武打替身的工作。作為替身，特別是武打替身，我們都知道要承包主角不願意最髒、累、苦、險的事情。王寶強當時的任務是爬上一架高高的防火梯，然後從梯子上摔下來。

那架防火梯有兩米多高，下面就是水泥地，沒有任何保護措施。王寶強穿上男主角的衣服，爬上梯子，等導演喊了「開始」後，硬著頭皮、眼睛一閉就如一個沙包似的直直地摔了下去。

伴隨著「砰」的一聲，王寶強發出了「啊」的慘叫聲。然而導演卻不滿意，於是又要重來。硬著頭皮重來，還是不行，再重來……一直摔到導演說「OK」為止。

等到導演最終說「OK」時，王寶強雙肘上的血已經把透過了戲服，卻已經感覺不到自己身上發疼。一個老武行把王寶強拉到一邊：「你有點寶氣啊，演戲而已，要那麼賣命幹嘛？這樣下去你會沒命的。」

「寶氣」得意思是「傻裡傻氣」。老武行也是一片好心，王寶強對老武行道了謝。在拿當天的勞務費時，王寶強驚奇地發現是一張百元大鈔，而不是往常的幾十元。王寶強很開心，而讓他更開心的是——副導演拍了自己的肩膀，表揚了自己並表示第二天還需要用。第二天，還是往地上摔，不過不是從梯子上了，而是被人扣住手腕扔到地上。這次摔完，王寶強眼眶烏青，一邊臉頰上高高地腫了起來。

第三天，王寶強沒有接到戲。在家休息了一個星期後，又有業務找上王寶強了。從此，王寶強的替身業務多了起來。許多穴頭都知道了，有個替身叫王寶強，不怕死，別人假摔，他敢真摔。正是這些幾十塊錢一天的替身生涯，才支撐著王寶強不至於淪落到山窮水盡的地步，得以在北京繼續著自己的影視之路。

王寶強的真摔，看似很「傻根兒」，但實際上卻成就了他後來賴以成名的「傻根兒」。我們可以這樣推斷——如果王寶強沒有之前的一貫「傻根兒」，讓他嶄露頭角的「傻根兒」角色一定不會是他，更別提後來讓他聲名大震的「許三多」了。

二〇〇二年，因為原定的主角夏雨檔期不合，電影《盲井》的主角砸到了王寶強頭上。《盲井》讓王寶強拿了那一年的臺灣電影大獎——金馬獎最佳新人獎。沒多久，他就得到了與一些大牌明星同臺演出的機會。被馮小剛挑選出演當時自己的新片《天下無賊》，在電視劇《暗算》裡演好瞎子阿炳。二〇〇七年，《士兵突擊》更是將王寶強的聲譽推到了極致。王寶強現已簽約著名的「華誼兄弟」旗下，成為影視圈裡的一線演員。

桂冠上的飄帶，不是用天才纖維撚制而成的，而是用痛苦、磨難的絲縷紡織出來的。

全力以赴做到最好

一天，獵人帶著獵狗去打獵。獵人一槍擊中一隻兔子的後腿，受傷的兔子開始拼命地奔跑。獵狗在獵人的指示下也是飛奔去追趕兔子。可是追著追著，兔子跑不見了，獵狗只好悻悻地回到獵人身邊，獵人開始罵獵狗了：「你真沒用，連一隻受傷的兔子都追不到！」獵狗聽了很不服氣地回道：「我盡力而為了呀！」再說兔子帶傷跑回洞裡，牠的兄弟們都圍過來驚訝地問牠：「那隻獵狗很凶呀！你又帶了傷，怎麼跑得過它的？」「牠是盡力而為，我是全力以赴呀！牠沒追上我，最多挨一頓罵，而我若不全力地跑就沒命了呀！」

對任何一個人來說，都有未被開發的潛能，但是我們往往會對自己或對別人找藉口：「管它呢，我們已盡力而為了。」事實上盡力而為是遠遠不夠的，尤其是現在這個競爭激烈的年代。我們要常常問自己，「我今天是盡力而為的獵狗，還是全力以赴的兔子呢？」

「全力以赴」與「盡力而為」這兩個詞，從字面理解相似，其實差之毫釐，謬以千里。它們分別代表兩種截然不同的生存態度，也造就兩種不同的效果或人生。盡力而為，有太多被動的成分。只有完全出於主觀，才會全力以赴，才能有所超越。盡力而為只能讓我們做完事，而全力以赴卻能讓我們做成事。用盡力而為的態度做事，碰到問題會退縮，會抱怨，會找理由推卸責任；用全力以赴的態度做事，碰到問題會主動尋找解決方法，主動尋找所需資源，把困難很好地解決掉，把事情圓滿地完成。

全力以赴做到最好

人們常常認為，一個人有能力，就可以解決很多事情。然而，只有能力還不夠，必須能力、態度、熱情三者合一才能成功。不少人的失敗，不是沒有能力，也不是沒有機會，而是失去了熱情。一個人一旦失去熱情，惰性就會乘虛而入，就會變得死氣沉沉，甚至會傳染給身邊人，影響一個團隊。能力一般的人，只要態度端正、鬥志昂揚，總會比一些能力強但態度不好、熱情不夠的人容易成功。熱情就像火，能點燃人身上的潛能，激發所有智慧和優點。一個人在「我要做」時，就會動腦筋、想辦法，視困難如草芥。

美國的大發明家愛迪生，小時候家裡買不起書、買不起做實驗用的器材，為了得到這些，他就到處收集瓶罐。由於自己的興趣，加上人生志向，他決定研究發明有利於人類的東西。在這過程中，他經歷了種種挫折，一次，他在火車上做實驗，不小心引起了爆炸，車長甩了他一記耳光，他的一隻耳朵就這樣被打聾了。生活上的困苦，身體上的缺陷，並沒有使他灰心，他全力以赴、更加勤奮地學習。最終發明了現在家家戶戶都在用的電燈，成為了一名舉世聞名的科學家。

要知道，用盡所有的能量，積極主動地做好每一件事，全力以赴，是每一位成功人士必備的綜合素養。一個人，對於工作，要全身心地投入其中，不要偷懶，也不要找藉口，任何時候的放棄都意味著失敗。

有家挖掘公司，剛剛招進了三位員工。第一個拄著鏟子說他將來一定會做老闆；第二個抱怨工作時間太長，報酬太低；第三個只是全力以赴、低頭挖溝。過了若干年，第一個仍在拄著鏟子；第二個虛報工傷，找到藉口退休了；第三個呢？他成了這家公司的老闆。

這個故事告訴我們的是：不管你做什麼，總是有人在意你。當你決定做一件事的時候，就一定要全力以赴，不要偷懶，不要埋怨，成功將會很快降臨在你的身上。

然而，在生活中，有的人每天都在抱怨。每當看到別人的成功時，就會抱怨上帝的不公。其實老天是公平的，只是，你是否已做到了全力以赴，是否真的付出了全部的努力了呢？

一個手藝很好的老木匠想要退休，但是他的老闆捨不得這個員工，就提出讓他再蓋最後一座房子，並承諾要送給老木匠一個禮物。老木匠答應了，在做活的時候他下的是次料，幹的是粗活。房子蓋完了，老闆卻把房子的鑰匙交給了老木匠，並對他說：「這就是我要送你的禮物。」聽了老闆的話，老木匠當時就驚呆了，他很後悔沒有全力以赴的去蓋這最後一座房子。

全力以赴做到最好

仔細想一想，我們又何嘗不是那個老木匠呢？在關鍵的時候，總是不努力，不肯付出自己全部的精力和體力，總是想「偷工減料」，所以當我們警覺到自己的尷尬處境時，我們已經被關在了自己建造的房子裡。

其實，不論做什麼事情我們都應該全力以赴，也許有人會說：「我本想全力以赴地投入，但是如果無功而返，我的全力以赴豈不是白做了嗎？」但是你有沒有想過，如果我們沒有全力以赴去做，等待我們的就只有失敗。

全力以赴去做事的確很累，但是當我們獲得了成功的時候，我們會覺得所有的努力都是值得的。

全力以赴，是奮鬥的目標，是指引命運之舟的燈塔；全力以赴，是積極的心態，是打開成功之門的鑰匙；全力以赴，是巨大的潛能，是自動自發的動力源泉；全力以赴，是開拓的精神，是積極進取的人生理念。

生活好比橄欖球比賽，原則就是：奮力衝向底線。

勇於承擔責任

托爾斯泰曾經這樣說：「一個人若是沒有熱情，他將一事無成，而熱情的基點正是責任感。」

有一個給布朗太太割草打工的男孩有意給她打電話說：「您需不需要割草？」布朗太太回答說：「不需要了，我已有了割草工。」男孩又說：「我會幫您拔掉草叢中的雜草。」布朗太太回答：「我的割草工已經做了。」男孩進一步說：「我會幫您把草與走道的四周割得很齊。」布朗太太說：「我請的那人也已做了，謝謝你，我不需要新的割草工人。」男孩便掛了電話。此時男孩的室友問他說：「你不是就在布朗太太那兒割草打工嗎？為什麼還要打這個電話？」男孩說：「我只是想知道我究竟做得好不好！」

多問自己「我做得如何」，這就是一種責任感。

責任感是不容易獲得的，原因就在於它是由許多小事構成的。但是最基本的是做事成熟，無論多小的事，都能夠比以往任何人做得都好。比如說，該到上班時間了，可外面陰冷下著雨，而被窩裡又那麼舒服，你還未清醒的懶散讓你在床上多躺了兩分鐘，此時你應該問自己，你盡到職責了嗎？還沒有……除非你的責任感真的沒有萌芽，你才會欺騙自己。對自己的放鬆就是對責任感的侵害，因此必須去戰勝它。

「不要問你的國家為你做了什麼，而要問一問你為國家做了什麼。」這是約翰．甘迺迪當年競選總統的演說詞。

事實上，不僅年輕人，包括許多中老年人仍有一種幼稚的心態。總是不停地發牢騷，卻很少反問自己。公民抱怨國家，職員抱怨公司，卻不去從自己身上找問題。先別問社會給你了多少，先問問你自己為社會做了多少貢獻。那些不從自身找問題，卻終日抱怨的人，只不過是一些高齡兒童在撒嬌而已。

一九八〇年四月，美國營救駐伊朗的美國大使館人質的作戰計畫失敗後，當時的美國總統吉米．卡特立即在電視裡作了同樣的聲明：「一切責任在我。」

「一切責任在我」。這短短的幾個字，表現出一種勇於擔當責任的大勇！在此之前，美國人對卡特總統的評價並不高。甚至有人評價他是「誤入白宮的歷史上最差勁的總統」。但僅僅由於上面的那句話，支持卡特總統的人居然驟增了一成以上。

韋恩博士說：「把責任往別人身上推，等於將力量拱手讓人。」

我們必須學會像卡特總統那樣承擔起自己行為的責任，應該積極地尋找任何一點你能夠或應該承擔的責任，要勝任並愉快地承擔起的那些責任，而絕不要透過躲避棘手的事情而逃避責任。

不要問你的國家為你做了什麼，而要問一問你為國家做了什麼。

屢敗屢戰志不移

雨後，一隻蜘蛛艱難地向牆上那一張已經支離破碎的網爬去，由於牆壁潮溼光滑，蜘蛛爬到半牆上就滑了下來，牠一次次地向上爬，一次次地又掉下來……

這時，一個人走了過來，他看到了爬上去又掉下來的那隻蜘蛛，嘆了一口氣，自言自語：「我的一生不正如這隻蜘蛛嗎？忙忙碌碌而無所得。」

那人嘆息著離去了。

於是，他日漸消沉。

不一會兒，又走過了一個人來，他看到了爬上去又掉下來的那隻正在努力的蜘蛛，那人嘲笑著說道：「這隻蜘蛛真愚蠢，為什麼不從旁邊乾燥的地方繞一下爬上去？我以後可不能像它那樣愚蠢。」

於是，這個人變得聰明起來。

不久，又過來一個人，那隻蜘蛛依然頑強地向上爬呀爬，第三個人看著那隻頑強努力的蜘蛛，立刻被蜘蛛屢敗屢戰的精神感動了，久久不忍離去。

於是，他變得堅強起來。

所以說，對於失敗，不同的人有不同的理解，從而採取不同的行動。有的人屢戰屢敗，從此一蹶不振；有的人屢敗屢戰，絕不向命運屈服。我們應向這個故事中的第三個人致敬，他一定因堅強而強大起來。

曾國藩在與太平天國的鬥爭中，曾經多次受挫，咸豐四年（一八五四年）五月兵敗靖港時更是投水自裁。咸豐五年，石達開總攻湘軍水營，燒毀湘軍戰船上百艘，曾國藩座船被俘，「公憤極，欲策馬赴敵以死」。在寫給皇帝的奏摺中，他將「屢戰屢敗」改為「屢敗屢戰」，一字之差，立顯人生境界，其中有一種不達目的不甘休的英雄氣概，有一種「苟利國家生死以，豈因禍福避趨之」的鐵肩道義，有一種誓清寰宇措民衽席的悲憫情懷。正因為他有這種屢敗屢戰的大無畏精神，最終領導湘軍平定了「洪楊之亂」，成為萬民景仰的「曾侯」，成為「中興三名臣」之首。

一生屢敗屢戰，以為人民謀求自由幸福為己任的當數「國父」孫中山。孫中山一九八五年二月創立「興中會」，十月八日廣州起義失敗，孫中山流亡海外。一九〇〇年九月在廣東發動惠州起義失敗後流亡日本。一九〇七年五月第三次起義於潮州黃岡，歷六日而敗。第四次是一九〇七年六月命鄧子瑜起義於惠州七女湖，歷十餘日而敗。一九〇七年七月徐錫麟起義於安慶，失敗殉難。同年七月，孫中山主持鎮南關起義，再遭失敗。據統計，自一八九四年到一九一一年之間發動革命起義事件共有二十九次之多，直到一九一一年十月十日武昌起義在危難中奮擊成功，一舉推翻了兩千多年的封建帝制，成為中國民主革命的先行者。

無可置疑，曾國藩與孫中山的屢敗屢戰的精神是很值得我們學習的。從他們的身上，我們可以明白很多道理：逆境與機遇是並存的，失敗與成功是並存的。一個人失敗了並不要緊，關鍵是怎樣對待。一個人失敗了，要正確對待並能分析其客觀原因，而不能沉溺在失敗的痛苦中不能自拔，必須重新振作，拋掉所有的陰影，一心朝著目標努力向前。同時，機會總是留給有準備的人，總有留給那些擁有「狗鼻子」的人，不管我們遇到什麼困難，不管我們現在的境況如何，我們都要善於捕捉機會，只有這樣我們才可能收穫更多精彩和成功。即使失敗了，也會收穫經驗。

「屢戰屢敗」會傳達給人失敗和痛苦的感覺，而「屢敗屢戰」則帶給人希望，讓人變得自強。屢敗屢戰，顯示出來的不僅僅是一種態度，更是一種勇氣。我們要不屈不撓、愈挫愈奮、鍥而不捨，不要怕失敗，怕的是在失敗後沒有了上戰場的勇氣。

哪有斬不掉的荊棘？哪有打不死的豺虎？哪有推不翻的山嶽？你必須奮鬥著，勇猛地奮鬥著，勝利就是你的。

人生難得拼一回

具有冒險精神的人對任何危險的事物都不會感到恐懼，即使偶爾有，他們最終也能戰勝這種心理，重新投入戰鬥。他們不會因為擔心對肉體和生命的威脅放棄追求，而是會接受挑戰，充滿信心地迎著危險和困難勇往直前。

一個人只要勇於冒險，生活就不會平淡，人生就不會平庸。

作為一個雙目失明的盲人，他為自己的人生設定了一個在絕大多數正常人眼裡都是高不可攀、無法企及的目標，並以不懈的努力最終將夢想變成了現實。他就是埃里克．韋漢梅爾——世界上第一位登上珠穆朗瑪峰的盲人。

登山運動是人類意志和勇氣的展現，是人類與自然、人類與自身相互較量的過程，但這樣一項運動，在很多人眼裡，是和盲人無緣的。二〇〇一年，埃里克．韋漢梅爾改變了人們的看法，成為世界上首個登上聖母峰的盲人，從而在登山這個「挑戰極限、超越自我」的勇敢者的運動中，又一次刷新了人類的記錄。

征服「世界第一峰」，這對於經歷過失明的絕望和沮喪的埃里克．韋漢梅爾來說，其意義決非常人所能相比，它再一次證明了他生活的信念——即使作為一個盲人，只要選對了方式，同樣也能做很多被常人認為不可能做的事情。

埃里克．韋漢梅爾生於一九六八年，自小就患有一種罕見的視網膜分層剝離眼病。對他來說，這種疾病就像是一個伺機行動的惡魔，隨時隨地都可能摧毀他的生活，這使他童年的生活蒙受著巨大的陰影。在後來的幾年中，儘管全家人付出了許多努力，病魔還是奪去了韋漢梅爾的視力，十三歲時，他完全失明了。

最初，埃里克．韋漢梅爾無法承受這個事實。他不想進入黑暗的世界，他對光明仍滿懷著希望，然而無情的命運還是將他拋到了絕望的深淵。

俗話說，禍不單行。失明之後，更為悲慘的災難降落在了年幼的埃里克．韋漢梅爾身上：他的母親在一場車禍中不幸喪生，這使他生活中又少了一個可依靠的堅強支柱。這個打擊曾使埃里克．韋漢梅爾一蹶不振。事隔多年以後，每當提起這段往事，埃里克．韋漢梅爾仍是一臉的哀輓之情：「母親的去世比我的失明更令我痛苦，就好像是一扇門狠狠地砸在我的臉上，我有一種痛不欲生的感覺。」

為了撫平孩子的精神創傷，讓他重新鼓起生活的勇氣，父親艾德每年夏天都會帶他外出旅行，登山也成為他們選擇最多的活動項目。

從十六歲開始，埃里克·韋漢梅爾便迷上了登山運動。起先登山對他來說有著很多的困難，由於看不見山路，他只能靠父親從背後按著他的肩膀促使他改變方向。有時他也拿著棍子探路前進，稍不小心，就有失足的危險，好幾次都差點沒了命。但他並沒有因此而放棄這一愛好，而是不斷地衝擊自己的記錄。

成年之後，埃里克·韋漢梅爾開始挑戰美洲、非洲等許多地區的高峰：一九九六年他登上了埃爾卡皮坦山，一九九七年他登上了海拔五千八百六十公尺高的乞力馬札羅山，同年又登上了海拔六千九百公尺高的阿空加瓜山。接下來他的目標就是世界最高峰——珠穆朗瑪峰。

珠穆朗瑪峰是世界上最高也是最危險的山，即使是經驗豐富的登山專家，也有許多人喪命於冰溝與雪崩之中。對於埃里克·韋漢梅爾這樣需要依靠嚮導引路的盲人而言，想攀登聖母峰簡直難於登天。

幾乎周圍的人都警告他不要去冒如此大的風險，然而埃里克·韋漢梅爾沒有理會他們的警告。他上路了。

一個人如果不去嘗試，就不能知道他能夠做什麼。一旦去做了，就會發現一切都可能變成現實。

二〇〇一年三月初，埃里克．韋漢梅爾開始了他攀登聖母峰的歷程，以往多年的登山經驗告訴他應該如何實現他的目標。登山嚮導在前面用鈴鐺為他帶路，如果想讓他向右就向右搖鈴，想讓他向左就往左搖鈴。埃里克．韋漢梅爾就盡量沿著他們的腳印向上爬。

在金谷冰瀑這樣的地方，在哪兒落腳極為關鍵。這時嚮導們會把他的棍子點在落腳點上，並告訴他確切的位置：「往左邊邁兩步，往右邊邁兩步，在右邊落腳……」遇到特別危險的地段，嚮導們又會及時提醒他注意，比如：「停在那兒別動！你後面一步遠處有個裂縫。」、「小心石頭！」。

經過兩個半月的攀爬及登山組成員的共同幫助，終於，在二〇〇一年五月二十五日清晨，埃里克．韋漢梅爾迎來了他的勝利，完成了他的夢想，登上了珠穆朗瑪峰的峰頂，成了第一個登上珠穆朗瑪峰的盲人。

可以說，冒險是一種超越。人生最有魅力的行動，就是讓命運安排在最有風險的絕壁之上，勇敢無畏。只有那些不怕孤獨、不畏艱難的先驅者，才敢闖進他人未到之地，做別人未做之事。

生活中，冒險和勇敢緊密相連。要具備勇敢精神，就要善於冒險、勇於冒險，勇於搏擊新領域，勇於領風氣之先。只有在不斷的冒險中，我們才能獲得像金子一樣寶貴的優良特質——勇敢。事實上，對一個人而言，無論是創業還是創新，首先必須具備的就是勇敢的冒險精神。這種精神對於一個想創業、想獲得成功的人來說，是必備的素養。據統計，美國華爾街證券交易所中最好的經紀人，往往不是學金融畢業的，而是那些曾經做過運動員的人。為什麼會出現這種有趣的現象？原來，曾經從事過各種運動的人，不僅有著強壯的體魄，能夠應付高強度的體力支出，而且在心理素養上得天獨厚，反應迅敏，自信而有魄力，勇於做決斷，具備冒險精神。

當然，冒險精神並不等於莽撞。勇於冒險的人，有著明確的目的性，他們清楚地知道自己在做什麼，並且願意承擔責任。為了達到目標，他們勇於承擔風險。競爭使他們感到興奮，面對殘酷的競爭，他們毫無懼色。

種子不落在肥土而落在瓦礫中，有生命力的種子絕不會悲觀和嘆氣，因為有了阻力才有磨練。

下篇　生活如歌彰顯高低曲調

低調做人，你會一次比一次穩健；高調做事，你會一次比一次優秀。——佚名

低頭是穀穗，昂首是穀秧。——民諺

夫惟不爭，故天下莫能與之爭。——老子

大巧若拙，大辯若訥。——老子

外圓內方，進退自如。——民諺

在人的一生中，能夠增強自身根基的事不外乎兩件——一件是做人，一件是做事。

的確，做人之難，難於從躁動的情緒和欲望中穩定心態；成事之難，難於從紛亂的矛盾和利益的交織中理出頭緒。而最能促進自己、發展自己和成就自己的人生之道便是：「低調做人，高調做事。」性格豪放者心胸必然豁達，壯志無邊者思想必然激越，思想激越者必然容易觸怒世俗和所謂的權威。所以，社會要求成大事者能夠隱忍不發，高調做事，低調做人。

第八章　行止有度，屈伸合拍

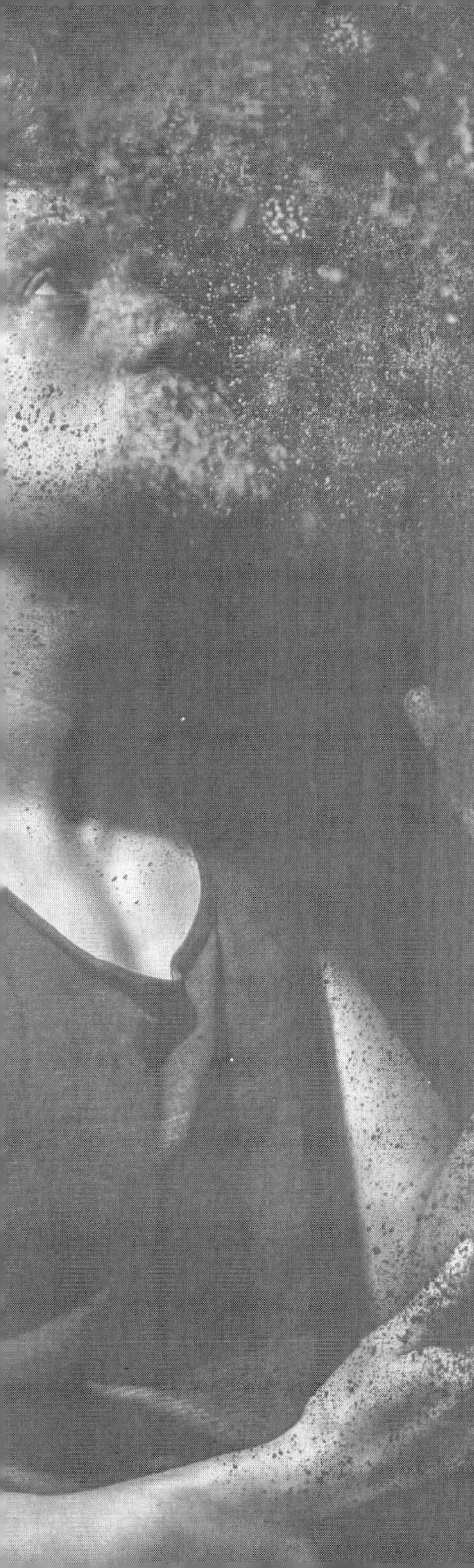

北宋哲學家邵雍曾云：「知行知止惟賢哲，能屈能伸是丈夫。」行於其所當行，止於其所當止；屈於其所當屈，伸於其所當伸。對自己不放縱、不任意，對別人不挑剔、不苛求，對外物不貪戀、不沉淪。該享受則享受，當勞累便勞累，依理而行，循序而動。

如果必須，做得天下；若非合理，毫末不取。

有傲骨，無傲氣

「人不可有傲氣，但不能無傲骨。」這句話是著名藝術大師徐悲鴻的一句名言。傲氣者，高傲之氣也，好過分顯露與炫耀自己的才華，張揚得目空一切，是眼睛朝天、目中無人的表現，是有三分才能非要表現十分才能的那種行為，是自以為是的虛妄，是天下才子舍我其誰的狂悖。這種人與人交往時盛氣凌人。其典型的特徵是驕氣、霸氣加匪氣。特別是當他有了一定的權力或地位時，還會變成了牛氣。項羽有傲氣，因而兵敗烏江，飲恨自刎；關羽有傲氣，因而兵敗麥城，死於非命。傲氣是成功最可怕的隱患，是自我淘汰最強勁的催化劑，被人嗤之以鼻。

傲骨，就是人們常說的剛正不阿的錚錚鐵骨。傲骨不是驕傲，而是一個人內心深處對自身的欣賞、對自身的珍惜。你可以將他打趴九十九次，但他只要有一絲力氣一定會站起來；你可以貶低得他一文不值，但他深信自己能夠大有作為。有傲骨的人，重物壓不彎，狂風吹不倒，冰雪凍不住，巨浪沖不走。有傲骨，折長戟，斷銀纓，摧鐵堡，銷重甲。傲骨不是以斤來論，也不是以錢來論，更不是以小人心來度的。一個有傲骨的男人才是一個真正的男子漢。

有傲骨，無傲氣

對於傲氣與傲骨，華人首富李嘉誠在一次演講中提及自己的親身經歷，並做了細緻的剖析。

有一家大公司的老闆，答應和李嘉誠做一宗生意，後來這個老闆反悔了。李嘉誠找到那個老闆，問道：「你答應我的事情，怎麼又突然反悔呢？這樣做是不對的。如果我是你，一定會睡不著覺。」但是對方傲氣十足地說：「我不會像你一樣，我會像嬰兒一樣睡得很舒服。」三天之後，那個人來找李嘉誠，並且願意多付百分之五十的價格來完成原來反悔的交易。於是李嘉誠問他：「你當初不是說做不成這單生意，一樣可以像嬰兒一樣睡得很舒服嗎？」對方老老實實地回答：「那天之後，我還真沒有睡過一個好覺。」

那個人儘管是一個大老闆，但和李嘉誠相比又算得了什麼呢？強中更有強中手，強人跺一下腳，家裡就會有地震的感覺，你能睡得好覺？

李嘉誠又說，傲氣常常令一個人認為自己很了不起，它就像一個杯子裝滿了水，再也裝不下其他東西，而那些裝不下的東西；有時比水的價值不知高出多少倍。

說完傲氣，李嘉誠又說了傲骨這個話題，那也是他親身經歷的。二十多年前，他剛投身塑膠花行業，必須經常到洋行去洽談生意。有一次他與一個占他工廠生產額九成以上的大客戶開會談合約的事。客戶傲氣十足，處處以居高臨下的姿勢對待李嘉誠。起初他忍讓著，認為和大客戶談生意難免要受一些氣。後來對方說：「如果你們沒有我們公司的支持，你們會怎麼樣？」李嘉誠頓然拍案而起，說：「請你馬上離開。」他這一拍案，把桌子上的水杯翻倒了。事後他認為這是必要的做法，經商之道固然以利字為先，但若無原則地聽任他人，連半點傲骨都沒有，到頭來吃虧失敗的必定是自己。

傲骨，是一種內心世界的頑強特質，是勇於面對惡劣環境不卑不亢的底蘊。梅有傲骨，因為它能蔑視嚴冬的冷酷；牡丹有傲骨，因為它能不畏權貴的淫威；陶潛有傲骨，因為他不肯為五斗米而折腰。傲骨，是骨子裡具備的抗爭或者叛逆思想，這種思想被人所稱頌，被人所推崇。

在傲骨面前，傲氣蒼白無力。傲氣充其量是繡花枕頭，敗絮其中，而傲骨彷彿是深藏不露的絕世武功，威力十足。

不衝動，有自制

有一句流行很廣的話，叫「衝動是魔鬼」。無數個令人扼腕嘆息的悲劇一再向我們詮釋了這句話，包括我們在自己的經歷中也多少有些親身體會。幾乎在所有與悔恨有關的往事當中，我們都能找到衝動的影子。因為衝動，有人錯上賊船；因為衝動，有人痛失愛人；因為衝動，有人鋌而走險……不少家庭不幸、工作不順、人際關係緊張等問題，都源於人的衝動。衝動後果慘痛，而且其慘痛指數與衝動指數基本成正比。

衝動的人，智商是沒有下限的。出身貧苦家庭的馬加爵好不容易考上大學，他的智商應該至少也是中等。經歷了那麼多的苦難，他終於邁進大學的校門看到了光明前途的曙光，卻因為一件小事而錘殺四名同儕。違法犯紀，傷害無辜，毀了家人的幸福，葬送了自己的一生……

衝動的人是在和魔鬼做一筆非常不划算的交易。在交易前，魔鬼告訴人：「如果你購買了『衝動』，你就可以做你想做的任何事情，你可以透過衝動，使自己的情緒得到痛快淋漓的發洩。」人聽到這裡，頓時呼吸急促、血壓升高，迫不及待地簽下契約。衝動過後，魔鬼會再次找上門來——它絕不會爽約。它會高舉著契約，契約上面寫滿了人購買「衝動」所必須支付的成本。這個成本的清單很長，我們擇重要的條款如下：損害自己的身心健康，損害自己的人際關係，損害個人前途，觸犯刑律。

為什麼一個人衝動起來，會做出一些在正常情況下難以想像的荒唐蠢事？醫學專家認為：「人在衝動時，體內的各個臟器與組織極度興奮，會消耗血液中的大量氧氣造成大腦缺氧，為了補充大腦所需要的氧氣，大量血液湧向大腦，使腦血管的壓力激增。在大腦缺氧以及腦血管壓力劇增的情形下，人的思維會變得簡單粗暴。」心理學家則認為：「當一個人衝動時，全部的注意力都集中在導致他衝動的這一件事情上，對於其他的諸如後果之類的問題根本就沒有時間與空間去考慮。」

如果我們將衝動比作一匹脫韁撒野的烈馬，那麼自制力就是能夠有效制服這匹烈馬的轡繩。所謂自制力，書面的定義是指一個人在意志行動中善於控制自己的情緒，約束自己的言行。而用我們通俗的說法，自制力指的就是自我控制的能力。

一個人的自制力的高低，主要展現在兩個方面：一方面能夠在日常生活與工作中克服不利於自己的恐懼、猶豫、懶惰等；一方面應善於在實際行動中抑制衝動行為。這兩個方面相輔相成。也就是說，一個能夠克服不利於自己的恐懼、猶豫、懶惰的人，相對來說也更善於在實際行動中抑制自己的衝動行為。反之亦然。

自制力對人走向成功起著十分重要的作用。自古代百科全書式哲學家亞里斯多德，到近代的哲學家們都注意到：「美好的人生建立在自我控制的基礎上。」自制力是我們實現自我價值的重要元素，是我們人生轉折和飛躍的保險繩。有了較強的自制力，我們在前進的道路上便不會迷失方向，便不會被各種外物所誘惑，不會因為其他事情而影響

不衝動，有自制

了自己的判斷。

對於那些自制力不強的衝動型人，編者提供以下幾個克制衝動的小技巧：

‧**技巧一**：降低標準法。經常發脾氣可能和你對人對事要求過高過苛刻有關，也可能和你喜歡以自我為中心、心胸狹窄不善寬容有關。因此，透過認真反省，改變自己的思維方式和處世習慣，降低要求別人的分寸，學會理解和寬容忍讓，是改掉壞脾氣的根本途徑。

‧**技巧二**：體化轉移法。怒氣上來時，要克制自己不要對別人發作出去，同時透過使勁咬牙、握拳、擊掌心等動作，使情緒轉由身體宣洩出來。

‧**技巧三**：逃離現場法。發火多由特定的情景引起，因此當怒氣上來時，培養自己養成條件反射般立即離開現場的行為，暫行回避一下，待冷靜下來再處理事情。

‧**技巧四**：精神勝利法。一說到精神勝利法，大家可能自然而然地想到阿Q並不屑為之。但偶爾精神勝利一把也未嘗不可。相傳某禪師偕弟子外出化緣，途中遇一惡人左右刁難、百般辱罵，禪師不搭理，該人竟窮追數裡不肯甘休。禪師面無慍色，和弟子談笑自如。惡人無奈，只得退後甘休。事後，弟子不解，問禪師：「師傅你遭此不公平為何不生氣，不反擊？」師傅答道：「若你路遇野狗朝你狂吠，你會放下身段與之對吠嗎？弄不好惹牠咬了你，難道你也去咬牠？」禪師面對挑釁與侮辱的態度難道不是一種大智嗎？下次你若遇到惡人莫名的刁難辱罵，不如心裡暗想這人怕是有神經病吧。因此不接招、不反擊、不生氣，旁若無人，多一事不如少一事，何樂而不為？

從長遠來說，要克服容易衝動的不良習慣，必須解決思想認識上的問題。要逐步養成心胸寬廣、淡泊名利、處世不驚、樂於接納不同意見的良好習慣。心胸寬廣就是要想大事、做大事，寬以待人、嚴於律己；淡泊名利就是要不斤斤計較、患得患失、耿耿於懷，不為了一點虛名或蠅頭小利而不顧一切、冒失行事；處世不驚就是要不在外界強烈刺激前驚慌蠻幹、一意孤行；樂於接納不同意見就是要改變我行我素、老虎屁股摸不得的性格，不要一遇抵觸即暴跳如雷、火冒三丈，這樣就會心平氣和，避免出現衝動。一個待人彬彬有禮的人，必然得到他人的尊敬。如果我們每一個人對待別人都能做到彬彬有禮，就會形成良性循環和諧的工作、生活環境。

成功之路遙遠，路上誘惑與困難很多，唯有自制力強的人才可能堅持到最後。自制方能制人。

適可而止見好就收

在這樣一則寓言，說的是天使看到一個貧窮的農夫居無片瓦、食不果腹、衣不蔽體的樣子，動了惻隱之心，決定幫幫這個可憐的人。於是，在一個清晨，天使對農夫說，只要他跑一圈，並在日落前跑回來，那麼他所跑過的土地就全部歸其所有。

農夫聽了天使的話，趕緊興奮地朝前跑去。他跑啊跑啊，累了想停下來休息一會兒時，想到家裡的妻子兒女們都需要更多的土地來保障優渥的生活，又打起精神拼命地再往前跑……有人告訴他，你到了該往回跑的時候了，不然你就無法在天黑之前回到起點。農夫根本聽不進去，他只想得到更多的土地，更多的金錢，更多的享受。直到太陽快要下山，他才拼命地往回跑。然而，那麼遠的距離，要怎樣的速度才能趕在太陽下山前跑回去呢？最後，又累又急又渴又餓的農夫，終因心衰力竭，倒在太陽的餘暉下。生命沒有了，土地沒有了，一切都沒有了，貪婪使他失去了一切。

君子好名，小人愛利。人一旦為名利驅使，往往身不由己，只知進，不知退。欲望如同一把燃燒的火，在召喚我們前行時，一不小心就會被它灼傷。明末清初有一本書叫《解人頤》，其中的有一首詩把貪婪者的心態刻畫得入木三分：「終日奔波只為飢，方才一飽便思衣；衣食兩般皆供足，又想嬌容美貌妻；娶得美妻生下子，恨無田地少根基；買到田園多廣闊，出入無船少馬騎；槽頭結了騾和馬，嘆無官職被人欺；縣丞主簿還嫌小，又要朝中掛紫衣；若要世人心裡足，除是南柯一夢西。」當然，這是誇張的寫法，卻形象地反映了一些人的貪婪心態。

兩千多年前老子在《道德經》裡說：「知足者富」，至今還是有很多人沒有參破。貪婪者往往被物所役，導致利令智昏；而知足者卻能役物，保持一種高蹈輕揚的人生態度。

人因貪婪常常會犯傻，不懂適可而止，什麼蠢事都會幹出來。這是十分悲哀的。任何人不可能一生總是春風得意。人生最風光、最美妙的往往是最短暫的。「人無千日好，花無百日紅。」所以，見好就收便是最大的贏家。世故如此，人情也是一樣。與人相交，不論是同性知己還是異性朋友，都要有適可而止的心情。君子之交淡如水，既可避免勢盡人疏、利盡人散的結局，同時友誼也只有在平淡中方能見出真情，越是形影不離的朋友越容易反目成仇。

所以，做到適可而止、恰到好處，關鍵在於掌握一個分寸。《鑒藥》指出：「子之病，其興居之節舛、衣食之齊乖所由而致也。」他的病，是由於生活沒有掌握好分寸，起居節制失調，衣食調劑不適而引起的，沒有做到適可而止。適可而止的道理似乎大家都知道，然而，怎樣才能做到適可而止呢？適可而止的適度標準是什麼？大家難以掌握，在生活中常常表現為「過猶不及」、「物極必反」、「欲速則不達」，難於掌握分寸。其實，適可而止是一種科學的處世哲學，它需要高智商和清醒的頭腦，需要科學的精確判斷。適可而止是遵守事物的客觀發展規律，根據事物本來的實際情況做出的科學決策，它追求的是最好的效果。

當然，提倡適可而止不是事事講中庸、當「老好人」，而是要求人們具體事情具體分析。

追求非壞事，適可要知止。若一味放縱，難免摔跟頭。

欲擒故縱意在蓄勢

我們知道，欲擒故縱術出自中國古代著作《三十六計》的第十六計，它是古代人民智慧的結晶。有關「欲擒故縱」的描寫是：「逼則反兵；走則減勢。緊隨勿迫，累其氣力，消其鬥志，散而後擒，兵不血刃。需有孚光。」意思是說：「擊敵人過於猛烈，就會遭到反撲，讓敵人逃跑，反而會削弱敵人的氣勢。緊緊地追蹤他，消耗他的體力，消磨他的鬥志，等敵人兵力分散時再去擒拿他們，這樣不經過血戰就可以取得勝利，按需要卦的演推方式等待，讓敵人相信還有一線光明。」

欲擒故縱中的「擒」和「縱」，是一對矛盾。軍事上，「擒」，是目的，「縱」，是方法。古人有「窮寇莫追」的說法。實際上，不是不追，而是看怎樣去追。把敵人逼急了，他只得集中全力，拼命反撲。不如暫時放鬆一步，使敵人喪失警惕，鬥志鬆懈，然後再伺機而動，殲滅敵人。

諸葛亮七擒孟獲，就是軍事史上一個「欲擒故縱」的絕妙戰例。蜀漢建立之後，定下北伐大計。當時西南夷酋長孟獲率十萬大軍侵犯蜀國。諸葛亮為了解決北伐的後顧之憂，決定親自率兵先平孟獲。蜀軍主力到達瀘水附近，誘敵出戰，事先在山谷中埋下伏兵，孟獲被誘入伏擊圈內，兵敗被擒。

照說，擒拿敵軍主帥的目的已經達到，敵軍一時也不會有很強戰鬥力了，乘勝追擊，自可大破敵軍。但是諸葛亮考慮到孟獲在西南夷中威望很高，影響很大，如果讓他心悅誠服，主動請降，就能使南方真正穩定。不然的話，南方夷各個部落仍不會停止侵擾，後方難以安定。諸葛亮決定對孟獲採取「攻心」戰，斷然釋放孟獲。孟獲表示下次定能擊敗你，諸葛亮笑而不答。孟獲回營，拖走所有船隻，據守瀘水南岸，阻止蜀軍渡河。諸葛亮乘敵不備，從敵人不設防的下流偷渡過河，並襲擊了孟獲的糧倉。孟獲暴怒，要嚴懲將士，激起將士的反抗，於是相約投降，趁孟獲不備，將孟獲綁赴蜀營。諸葛亮見孟獲仍不服，再次釋放。以後孟獲又施了許多計策，都被諸葛亮識破，四次被擒，四次被釋放。最後一次也即第七次，諸葛亮火燒孟獲的藤甲兵，生擒孟獲。這次終於感動了孟獲，他真誠地感謝諸葛亮七次不殺之恩，誓不再反。從此，蜀國西南安定，諸葛亮才得以舉兵北伐。

欲擒故縱之術告訴我們——在條件不成熟時，要想奪取或保存某種東西，必須暫時交出或放棄它，等待時機，創造條件，最後再把它奪回來。「取」是目的，「予」是方法，「予」是為了「取」。一切的「予」，都是以「取」為前提的，都要看對大局是否有利。在我們的實力尚處於劣勢的條件下，為了調動對手、戰勝對手，不計較一城一池的得失，這種以最終打敗對手為目的的放棄是為了更牢固、更長久的占領。

鷹立如睡，虎行似病，正是它攫人噬人手段處。故君子要聰明不露，才華不逞，才有肩鴻任巨的力量。

先發制人贏先機

俗話說：「先下手為強，後下手遭殃。」

秦朝末年，為了反抗暴政，各地人民紛紛起義。其中又以陳勝和吳廣率領的百姓起義聲勢浩大。當時，有個叫殷通的會稽郡守也想趁機推翻秦朝，所以就請來當時在吳國避難的項梁和項羽叔侄兩人共商大事。

項梁和項羽在當地廣結了許多知名人士和有才智的人，加上兩人本身熟悉兵法，因此很受當地老百姓的敬仰。項梁對殷通說：「現在各地義軍紛紛起義，所以，現在正是消滅秦國的最好機會，當然先起義發動的人就可以得到先機，我們應該早點起義才是。」項梁看出殷通性格膽怯，難成大事，於是就叫項羽把他殺死，並收服了他的部下，另一方面，項梁又不斷徵集人馬，壯大軍隊，並且打出滅秦的旗號。而項羽就是後來歷史上赫赫有名的「西楚霸王」。

這是「先發制人」典故的出處，是最典型的先發制人。

漢明帝十六年，班超曾擔任假司馬隨竇固出擊匈奴，殺敵立功。後來又與郭恂一起出使西域的鄯善國，鄯善王開始對班超等人非常熱情，待若貴賓，後來幾天卻突然冷淡疏遠起來。同去的人都感到非常疑惑，不知是什麼原因。

班超分析說：「鄯善王一直在我們漢朝與匈奴之間搖擺不定，一會兒與漢朝友好，一會兒又與匈奴友好。我想，他對我們的態度變化一定與匈奴有關。會不會是匈奴的使者也來到鄯善國了呢？」

大家認為班超的分析很有道理。於是，班超喚來接待他們的其中一個鄯善國侍者，詐唬他說：「匈奴的使者來了好幾天了，現在在哪兒呢？」

侍者不敢隱瞞，只好照實說了匈奴使者的情況和他們的住處。班超於是把侍者捆了起來並關在他們住的營帳裡，以免他洩露出去。

然後，班超把自己所帶領的三十六個人全部找到一起來喝酒。正喝到興頭上，班超突然站起來說：「我們一起來到這麼遠的地方，原來是想為國立功而求得富貴。想不到，匈奴使者也來到了這裡，現在大家都感覺到了，鄯善王的態度已明顯地親匈奴而冷淡我們。如果他把我們出賣給匈奴人，那我們恐怕就會死無葬身之地了。怎麼辦呢？」

大家都表示願聽從班超的。

班超說：「事到如今，我們只有先下手幹掉匈奴的使者，使鄯善王斷了與匈奴友好的念頭，我們的情況才會有所好轉。」

有人提出是不是要先和郭恂商量一下。班超說：「事不宜遲，郭恂是個斯文官員，若跟他說，必然把他嚇倒，反而會壞事。」

大家都同意班超的意見。於是，班超作出了周密的部署。

當天晚上，大風呼嘯，班超率領三十六人直撲匈奴使者的營帳。見營帳就燒，逢人頭便砍，還在睡夢中的匈奴使者們還弄不明白緣由就都成了刀下鬼，一共三十餘人被斬首，一百多人被燒死。

第二天，班超等人提著匈奴使者的頭去見鄯善王。鄯善王大驚失色，自覺已對匈奴王說不清楚事情的真相，於是就只好死心塌地與漢朝友好了。

班超等人圓滿地完成了出使任務，帶著鄯善王的兒子作為人質回到了漢朝。

試想，班超如果不「先發制人」，搶先斬了匈奴使者的頭，使鄯善王沒有退路，就必然會受制於鄯善王和匈奴，莫說完成任務，恐怕最後連命都會保不住。

很顯然，先發制人是一種快攻戰術，貴在出其不意、攻其不備。此戰術更多地運用於戰爭軍事領域。

搏擊中刀光劍影，攻防瞬間變換，因此在實戰中，抓住戰機成為了第一要素，誰掌握了進攻的主動權，誰占了先機，誰就極有可能贏得搏鬥的勝利。

先發制人贏先機

先發制人，能夠在心理上對敵產生「敲山震虎」的威懾作用。也可以這樣說，先發制人是以一種積極的防禦應對不可預測的危險的方式。

然而，如何才能做到先發制人，一擊必殺呢？先秦法家代表人物韓非說：「夫火形嚴，故人鮮灼；水形懦，故人多溺。子必嚴子之形，無令溺子之懦。」這句話從另一個方面告訴我們，出招必須兇猛，講求打擊的力度，一下子就重創對手。

當然，不僅軍事戰爭如此，市場競爭、人際關係也都需要我們掌握先機，處處走在別人前面，這樣才能立於不敗之地。

猶太人是全世界最會賺錢的人，而如今，在華夏大地上也出現了這樣一群會賺錢的「猶太人」，那就是溫州人。溫州人很會做生意，他們的生意經在哪裡呢？有位學者曾對溫州人做過這樣的分析：「溫州人善於及時掌握市場的動態，掌握消費者的需求，了解競爭對手的狀態，做到知己知彼，先發制人，及時搶占市場制高點。當許多人在感嘆市場無法進入的時候，這些人卻發現，市場實際上早已被溫州人占領。」

記住，做事不要猶豫。看準時機先下手，會讓你更出眾。

先發制人是一種快攻戰術，貴在出其不意、攻其不備。不出手則已，一出手必定快狠準。

以柔克剛無往不勝

傳說，老子的師父病重時，老子跑前伺後，床前盡孝，師父非常感動，臨終前，想把人生之道傳授於他。

這天，師父把老子叫到床前，未曾說話先滾出了幾滴眼淚。老子對師父說：「老師，您老人家還有什麼話要交代？」

師父抹掉眼淚，問：「徒兒，你說舌頭結實呢，還是牙結實？」老子沒有多想，忙說：「老師，那還用說，當然牙比舌頭結實了。」「不對，」師父張開嘴說，「你看看，舌頭不結實，如今還在；牙齒結實，卻早掉光了。」老子一看，可不是，牙齒真不如舌頭結實。

這時，師父又問：「你說水硬呢，還是石頭硬？」老子想了想，說：「石頭硬。」師父搖搖頭，往門外過門石一指，問：「石頭硬，怎麼會被水滴穿了啊？」老子一看，是啊，水看似很柔軟，卻把硬石頭穿了個窟窿。

師父說：「這就叫水滴石穿，再堅硬的石頭，也經不住柔水長期擊打。再問你，木頭和繩子哪個更強？」老子尋思了一會兒，答道：「繩子更強。」師父問：「這回答

以柔克剛無往不勝

對了，你是怎麼悟出來的？」老子說：「俺家祖上傳下來一架打水的舊轆轤，是木頭做的，轆轤頭看是很硬，可擱不住年長日久，硬是被繩子磨斷了。」

師父讚許地說：「是啊，繩鋸木斷，水滴石穿，牙齒怪硬卻經不住軟舌頭的舔磨。這都是以柔克剛的道理。今後，你千萬記住啊！」老子含淚應答，又問：「師父，今後徒兒將以誰為師？」師父說：「上善若水，以水為師！」

師父去世後，老子謹遵師訓，以水為師，以柔克剛。

柔何以克剛呢？從物理角度來看，剛性越大，物體就越脆弱，抗打擊能力越低。鑽石的確是自然界最硬的東西，同時它也是最脆弱的，它甚至比玻璃更易碎。而被我們認為硬度極差的鋁，柔韌性卻極好，你甚至可以用錘子把它砸的像紙一樣薄，但仍然不能把它砸為兩半。當雞蛋掉在石頭上時，雞蛋很容易破碎，而當皮球掉在石頭上時，它會彈起而保持完好無損，這是在日常生活中一個很明顯的例子，之所以如此，是因為皮球對強大的外力能以柔韌化之，而雞蛋卻不能，故有「以卵擊石，自不量力」之說。這其中蘊涵的就是我們所講的以柔克剛、以情動人的道理。

「賞不逾時，欲民速得為善之利也；罰不遷列，欲民速得睹為不善之害也。」可見，賞與罰都要進行是剛柔相濟的結果。透過剛和柔的共同作用，人們在生活中才得心應手。

電視連續劇《士兵突擊》中有一幕是這樣的：

團長送許三多精緻的坦克模型，而許三多不好意思收時，突然發現——學會接受也是一種能力。團長的一番好意，許三多如果執意不收，那麼就辜負了團長的一番好意。其實，團長這時就如同在出拳，一記重拳，許三多只有接受，團長的拳才不會打空，如果打空了，搞不好手臂都要脫臼，心靈會受到傷害。對於現代人來說，很多時候的不盡如人意，不是因為不柔，而是因為太剛。

朱大哥是個脾氣暴躁的人，而朱大嫂卻為人謙和、有忍耐性，一次，朱大嫂不小心把女兒的手臂拽了一下，朱大哥見狀二話沒說，一腳把朱大嫂踹倒在地。如果朱大嫂換成是你，被踹倒的第一反應是什麼？也許，被踹倒之後第一反應就是朝朱大哥大聲反駁或者是大罵，接下來一場夫妻大戰肯定免不了。可是，朱大嫂的反應絕對出乎你的意料，朱大嫂說了兩個字，就把丈夫逗樂了，滿腔的怒氣消得無影無蹤，你肯定猜不到朱大嫂說了什麼。朱大嫂不但沒生氣，反而笑咪咪不緊不慢地開玩笑似的朝丈夫說了句：「熊樣。」看到朱大嫂不但沒生氣，還跟自己開玩笑，朱大哥不好意思再發怒了，再想想妻子也不是故意的，自己跟她發這麼大脾氣真不應該，朱大哥感到愧疚，伸手把妻子拉起來。從此，朱大哥跟朱大嫂再也沒紅過臉、吵過架，而且關係越來越好。

以柔克剛無往不勝

溫柔就像一劑良藥，可以化解人與人之間的矛盾；溫柔還像一劑潤滑膏，可以讓人與人更親密、更團結、更和睦。溫柔不是懦弱、不是膽怯，溫柔是一種智慧、是一種氣度。相反，斤斤計較、互不相讓、以牙還牙、以硬碰硬的方法不但不能解決矛盾、緩解衝突，反而會讓問題越鬧越大，雙方的關係越來越僵硬、疏遠，甚至是兩敗俱傷。

太極拳是中國拳術的一種，為「練身」、「練意」、「練氣」三結合的整體運動。其重點是以意念引導動作，意動身隨，動作柔中有剛，拳姿優美。對手出拳，我不一定要接受，可以和他繞著轉，避其鋒芒。做人也是一樣，如果別人罵你，你反著罵回去，那麼只能表明你受了他對於你的心理上的攻擊。其實，別人罵你，你不一定要接受，正如一個拳頭打過來，你可以選擇不接受的。所以，有時候沒有必要因為別人的謾罵而惱怒，如果惱怒了，只能說明你接受了這一拳。你如果選擇罵回去，那麼你們之間將是一個互毆的局面，兩敗俱傷。如果使用以柔克剛的方式，微笑著大度地面對，那麼，你的對手也將知道他的謾罵是無效的。

生活是不平靜的，每個人都會遇到各種各樣的問題，當你遇到問題時，不要急於發怒、更不要急於爭吵。要學會冷靜、學會溫柔、學會理智，用溫柔去處理一切問題，用溫柔去化解一切矛盾。記住「以柔克剛」才是最明智的選擇。

天下莫柔弱於水，而攻堅強者莫之能勝，以其無以易之。弱之勝強，柔之勝剛，天下莫不知，莫能行。是以聖人云：「受國之垢，是謂社稷主；受國不祥，是為天下王。」

能屈能伸真英雄

「大丈夫能屈能伸。」這是一條經過歲月的敲打磨礪而閃耀著智慧之光的格言。多少風雲人物、英雄豪傑因為能屈能伸而功成業就、青史留名。

項羽性格高傲、剛愎武斷，但是他出身高貴，英勇善戰。劉邦出身卑微，手無縛雞之力，卻善於用人。項羽和劉邦在抗秦的戰爭中，結為聯盟，互相援助，彼此的勢力越來越強大。項羽和劉邦約定，如果誰先攻入秦的都城咸陽，誰就可以稱王。

西元前二〇七年，項羽在巨鹿打敗秦朝主力大軍，而這時，劉邦已經率軍攻破了秦都城咸陽。劉邦聽從謀士勸諫，將軍隊安置在咸陽附近的霸上，沒有進入咸陽。他封閉秦王宮殿、錢庫等重地，並且安撫咸陽百姓。老百姓看見劉邦待人寬容、軍紀嚴肅，非常高興，都希望劉邦當秦王。

項羽知道劉邦先進了咸陽，非常憤怒，率領四十萬大軍進駐咸陽附近的鴻門（今陝西臨潼東），準備搶奪咸陽。項羽的軍師范增勸項羽一舉消滅劉邦，他說：「劉邦以前是個貪財好色的人，現在他進了咸陽後，分文不取，美女也不要，可見是有大圖謀，我們應該乘他沒有發展起來就殺了他。」

消息傳到了劉邦那裡，謀士張良認為，目前劉邦的軍隊只有十萬人，勢力太弱，不能和項羽正面較量。張良就請好朋友、項羽的叔父項伯去說情。然後，劉邦帶著張良和大將樊噲親自到鴻門，告訴項羽，自己只是看守咸陽，等項羽來稱王。項羽相信了劉邦，設宴招待他。范增坐在項羽旁邊，幾次暗示項羽動手殺劉邦，可是項羽卻假裝沒看見。范增就讓大將項莊到酒桌前舞劍助興，想借機會刺殺劉邦。項羽的叔父項伯趕緊也拔劍陪舞，用身體擋著劉邦，暗中保護他，項莊一直沒有得手。張良一看情況緊急，趕緊出去召喚劉邦的大將樊噲，樊噲立刻手持盾牌和利劍，直接闖入軍帳，斥責項羽說：「劉邦攻下咸陽，沒有占地稱王，卻回到霸上，等著大王你來。這樣有功的人，不僅沒有得到封賞，你還聽信小人的話，想殺自己兄弟！」項羽聽了，心中慚愧。劉邦乘機假裝上廁所，帶著隨從跑回霸上自己的軍營中。謀士范增看見項羽優柔寡斷，放跑了劉邦，非常生氣，說：「項羽真是不能成大事！看著吧，將來奪取天下的一定是劉邦。」

這就是中國歷史上有名的「鴻門宴」，當時項羽依仗自己勢力強大，輕信劉邦，使劉邦得以逃脫。後來，項羽自立為「西楚霸王」，相當於皇帝，他封劉邦到偏僻地區當「漢王」，只相當於諸侯。不久，劉邦乘項羽出兵攻打其他諸侯時，攻占了咸陽。於是，項羽、劉邦就展開了長達四年的「楚漢戰爭」。楚軍在兵力上占很大優勢，多次擊敗漢軍，但是項羽性情殘暴，統率的部隊殺人放火，失去民心，楚軍逐漸由強變弱。而劉邦注意收攬民心，善於用人，勢力逐漸強大，終於反敗為勝。

劉邦努力實踐能屈能伸的法則，忍辱負重，終於奠定了西漢帝王之基。

屈是難得的低調，水一屈一伸而流向大海，蛇一屈一伸而得以前進。欲安身必先立命，命立而後安身。前人為人處世、安身立命的「屈伸學」，原本就是效法自然、模仿萬物的經驗總結。一屈、一伸既是人與萬物的本能，也是處世求存的智能。本能是先天的潛力，智能是後天的功夫。

屈伸是以退為進的謀略、以柔克剛的內功，是伺機而動的慢進、該出手時就出手的氣概。逞雄才得時機為佳，爭鋒芒先下手為強。

善於屈伸者，有剛毅勇猛的沉著，有沉靜蘊慧的平和。善「屈」善「伸」者能承受大喜悅與大悲哀，而真正善「屈」善「伸」者，行動時幹練、迅捷，不為感情所累；退

能屈能伸真英雄

避時能審時度勢，全身而退，且一旦時機再現定會伺機而動東山再起。真正的善「屈」善「伸」者，沒有失敗，只有沉默，是面對挫折與逆境積蓄力量的沉默。

智者善屈尊，愚者強伸頭。商人總是隱藏其寶物，君子品德高尚，而外貌卻顯得愚笨。必要時要藏其鋒芒，收其銳氣，不可不分場合將自己的才能讓人一覽無遺。有這樣一種人，他們雖然思路敏捷，口若懸河，但一說話總令人感到狂妄，因此別人很難接受他們的觀點和建議。這種人多數都是因為太愛表現自己，總想讓別人知道自己很有能力，處處想顯示自己的優越感，時時幻想能獲得他人的敬佩和認可，結果卻適得其反，失掉了在別人心目中的威信。每個人都希望得到他人的肯定性評價，都在不知不覺地強烈維護著自己的形象和尊嚴，如果為人處世時過分地顯示出高人一等的優越感，目空一切，妄自尊大，那就是在無形中對對方的自尊和自信進行挑戰與輕視，對方的排斥心理乃至敵意也就不知不覺地產生了。泰戈爾說：「微小的知識使人驕傲，豐富的知識使人謙虛。」故而，空心的稻穗高傲地舉頭向天，而充實的稻穗，則低頭向著大地，向著它的母親。目空一切和妄自尊大的結果只能使自己的形象扭曲，在傷別人的同時也傷害了自己。

屈與伸，是苦樂同在、福禍相依、成敗相生。我們在生活中應該小屈小伸、大屈大伸。

知行知止惟賢哲，能屈能伸是丈夫。行於其所當行，止於其所當止；屈於其所當屈，伸於其所當伸。對自己不放縱、不任意，對別人不挑剔、不苛求，對外物不貪戀、不沉淪。該享受則享受，當勞累便勞累，依理而行，循序而動。

另闢蹊徑是坦途

當一條路苦苦走不通時，不妨另闢蹊徑。

另闢蹊徑，不僅能夠使本來複雜的問題變得簡單明瞭，而且會使我們從另一個角度觀察認識世界，找出創造成就的「捷徑」。可以說，另闢蹊徑也往往意味著改變傳統的思路。

一個旅遊景區有三家酒店比肩而立，開始因為互相壓價生意都很慘澹，後來兩家酒店聯合貸款進行了裝修。這樣，夾在中間的第三家就顯得低檔了。遊客都奔向兩家裝飾一新的酒店。第三家酒店沒有能力貸款重新裝修，老闆就聽從上大學的兒子的勸告，改變了經營思路。

首先，老闆把一樓的海鮮餐廳改為了經營風味小吃，理由是，出來旅遊的客人興趣不在海鮮上，若能品嘗地方風味小吃才叫過癮。人家酒店大魚大肉用不著眼紅，遊客吃膩了大魚大肉自然會來品嘗風味小吃。在定位上，地方風味名副其實，正宗道地，價格適中。其次，老闆將二樓的舞廳改為住宿套間，意在為遊客提供吃住配套服務。主要考慮，遊客出來旅遊很少有精力跳舞唱歌，白天坐車爬山已夠辛苦，多數遊客只想晚上睡個安穩覺，以養足第二天的精神。再有，在二樓屋頂搞了個「露吧」，用七彩霓虹燈泡圍了個大圈兒，擺上幾張桌子，讓遊客在這裡欣賞月亮和星星，還可聊天。一杯清茶、一瓶啤酒、一碟瓜子、一盤點心，讓遊客任意挑選，象徵性收點服務費。「這山野的幽靜夜晚，在大都市是難以品味到的。」所有到這家酒店消費的客人都豎起了大拇指。

由於另辟了蹊徑，第三家酒店不僅找到了自己的生存空間，還節約了一筆裝修費用，避免了一場與同行刀光劍影的搏殺。特別是「露吧」登場後，幾乎夜夜爆滿，從而刺激了酒店的住宿與小吃兩項消費。

由此可見，在社會競爭中取勝不都是靠正面的硬拚。要學會理性思考，講究策略與創新。根據客觀環境因地制宜，就地取材加以綜合利用，從而收到預想的經營效果。做事情最忌跟風，跟風必敗。行之有效地變換經營思路，走自己獨創的新路，獲得成功就在情理之中。

同樣，人生之路千萬條，總是踏著別人的腳印前進的人會碌碌無為，只有敢走別人從未走過的路，另闢蹊徑，才有成功的可能。

一個星期六的早晨，外面正下著雨。英國一位牧師打算準備第二天的布道，他的妻子出去買東西，小兒子則吵鬧不休，向他要零用錢。這位牧師正在看一本舊雜誌，一頁一頁地翻閱，一直翻到一幅色彩鮮豔的大圖片——世界地圖。於是他從雜誌上撕下這一頁，再把它撕成碎片，丟在地上，對兒子道：「小約翰，如果你能拼集這些碎片，我就給你二角五分錢。」牧師以為這件事至少會使約翰花去上午的大部分時間，沒想到不到十分鐘，他兒子就來敲他的房門了。牧師驚愕地看著約翰如此之快地拼好的世界地圖。

「孩子，這件事你怎麼做得這麼快？」牧師問道。

「啊！」小約翰說，「這很容易。在圖畫的背面有一個人的照片。我就把這個人的照片拼到一起，然後把它翻過來。我想如果這個人臉是正確的，那麼，這個世界地圖也就是正確的。」

牧師微笑起來，給了他兒子二角五分錢，說道：「你也替我準備好了明天的講道。」

的確，如果要把這些碎片拼成世界地圖，確實至少需要大半天的時間。但是牧師的兒子卻發現了一條捷徑，從而省力省時。

一百多年前，一個二十多歲的德國猶太人隨著淘金人流來到美國加州，這個猶太人就是日後名聞遐邇的「牛仔褲之父」李威．斯達斯。他看見這裡的淘金者人如潮湧，心想如果自己也參與進去，未必就能撈到多少油水。於是靈機一動，想靠做生意賺這些淘金者的錢。他開了間專營淘金用品的雜貨店，經營鐵鍬、做帳篷用的帆布等，前來光顧的人不少。

一天，有位顧客對他說：「我們淘金者每天不停地挖，褲子損壞特別快，如果有一種結實耐磨的布料做成的褲子，一定會很受歡迎的。」

李威．斯達斯抓住了顧客的需求，憑著生意人的精明，開始了他的牛仔褲生涯。剛開始時，李威．斯達斯靠此發了大財。首戰告捷，李威．斯達斯馬不停蹄，繼續研製。他細心觀察礦工的生活和工作特點，千方百計改進和提高產品的品質，設法滿足消費者的需求。考慮到幫助礦工防止蚊蟲叮咬，他將短褲改為長褲；又為了使褲袋不致在礦工把樣品放進去時裂開，特地將褲子臀部的口袋由縫製改為用金屬釘釘牢；又在褲子的不同部位多加了兩個口袋。這些點子，都是在仔細觀察淘金者的勞動和需求的過程中，不斷地捕捉到並加以實施的，使產品日益受到淘金者的歡迎，而銷路也日漸廣闊起來。

由於牛仔褲的式樣源於「下層」百姓，因而儘管它受到廣大礦工和青年人的熱烈歡迎，但能否打入城市，還是未知數。

經過一次失敗之後，李威．斯達斯根據分析結果，對症下藥，認為上層社會排斥牛仔褲的原因，主要是因為它來自社會的下層，對上流人士是一種觸犯。為此，李威．斯達斯利用各種媒介大力宣傳牛仔褲的美觀、舒適，是最佳裝束，甚至把它說成是一種牛仔褲文化。這些鋪天蓋地的宣傳，把對牛仔褲「庸俗」、「下流」的斥責打得大敗。於是，牛仔褲在各階層中牢牢地站穩了腳跟，並在美國市場上縱橫馳騁，繼而衝出國界，風靡全球。

認識自我揚長避短

古人云：「梅須遜雪三分白，雪卻輸梅一段香。」每個人或多或少總會在某方面存在一定的缺陷，有些甚至是先天性缺陷，後天無論如何努力也無法改變，就算是偉人也毫不例外：拿破崙矮小、林肯醜陋、羅斯福小兒麻痹……等等。這些都足以成為令人痛苦、自卑的源頭，但他們擁有的卻是極其輝煌自信的一生。

獵豹在草原上飛馳，雖然只能持續幾十秒，但牠將速度發揮到極致，獵物依然手到

認識自我揚長避短

擷來；梨花綻放於枝頭，雖然沒有鮮豔的色彩、沁人的芬芳，但它將更多的營養用來豐盈甘甜的果實，依然被人們大加讚賞。

世間萬物都不會完美無缺，每個生靈都有自己獨特的天賦。讓兔子、松鼠學習游泳，未免有些強人所難。試問鴨子教練：「經過汗水的付出，你是否也可以比兔子跑得更快呢？」

所以，我們應該做的是將自己的長處發揮到極致，而不是每天在「人無完人」的感嘆中虛度光陰。只有揚長避短，才能取得成功。每個人都有自己的特質和特長，就算你的長項不夠頂尖，不夠權威，你總會有勝過競爭對手的地方，只要你善於利用，就能形成制勝的優勢。

有很多人士，之所以取得了輝煌的成就，無不是將自己的優勢發揮到最大。

采菊東籬下的陶潛，上任不足百天即毅然辭官歸隱，因為他看到自己無法立足於封建官場。與其在名利的泥潭中受苦，不如過自己想要的生活。由此，才成就了豔麗的南山菊，美好的桃花源。

行吟西子湖畔的東坡，在身處宮廷鬥爭之時，自請外調杭州，因為他看到自己無法在這險惡的朝堂中自保。由此，在那人間的天堂，有了無數著名的詩章，有了造福後世的蘇堤，有了與民同樂的佳話。

魯迅棄醫從文，是因為他發現自己有更大的力量用文字將沉睡的國民喚醒；劉翔由跳高改行跨欄，是因為他了解一百一十公尺欄前才有更廣闊的明天。

凡此種種，都說明了一個道理——人生成功的戰術萬變不離其宗，其實只有兩個基本點，其一，面對對手，以長擊短；其二，面對自身，揚長避短。

韓愈在《師說》中強調「術業有專攻」，我們則應懷著「天生我材必有用」的信念，去找尋自己生命中的閃光點。

當然，揚長避短絕不意味著我們可以完全不顧自己的缺點而一味炫耀自己的特長，歷史上恃才傲物的晁錯、一味倡狂的阮籍已經給我們留下了最好的教訓。我們應該保證自己的弱點不至於阻礙通往成功的道路，同時將最短的那塊木板修得更加牢靠，我們人生的木桶才可以承載更多的養分。

揚帆起航，讓我們找到最佳的風向。揚長避短，讓我們的靈魂在邁向成功時熠熠生輝。

駿馬能歷險，犁田不如牛，堅車能載重，渡河不如舟。舍才以避短，資高難為謀。生材貴適用，勿復多苛求。

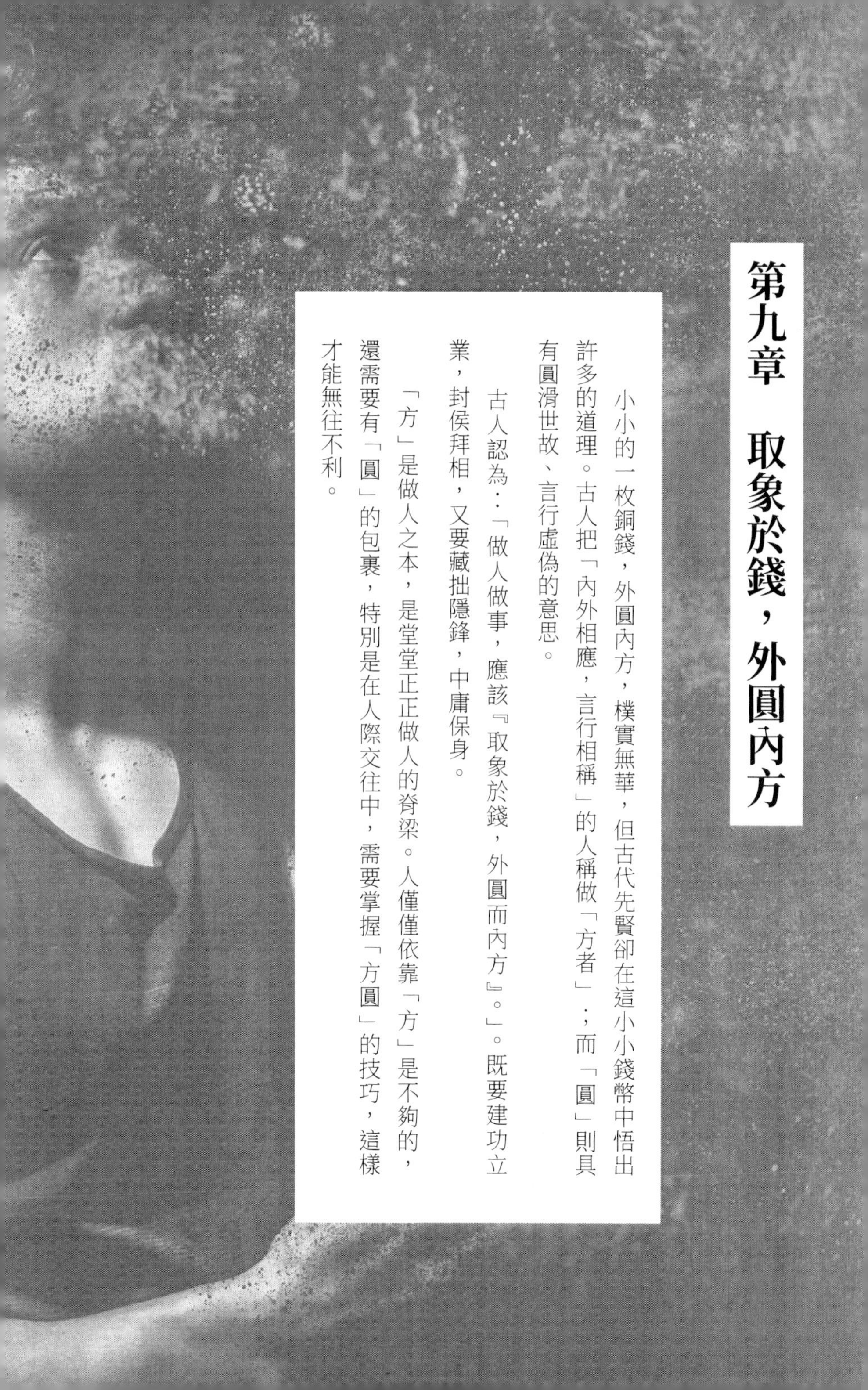

第九章　取象於錢，外圓內方

小小的一枚銅錢，外圓內方，樸實無華，但古代先賢卻在這小小錢幣中悟出許多的道理。古人把「內外相應，言行相稱」的人稱做「方者」；而「圓」則具有圓滑世故、言行虛偽的意思。

古人認為：「做人做事，應該『取象於錢，外圓而內方』。」既要建功立業，封侯拜相，又要藏拙隱鋒，中庸保身。

「方」是做人之本，是堂堂正正做人的脊梁。人僅僅依靠「方」是不夠的，還需要有「圓」的包裹，特別是在人際交往中，需要掌握「方圓」的技巧，這樣才能無往不利。

外圓內方，進退自如

人際交往中，我們要做到外圓內方，這樣，才能進退自如。「方」，方方正正，有稜有角，指一個人做事有自己的主張和原則，不被人所左右。「圓」，圓滑世故，指一個人做人做事態度不鮮明，行為不果斷，止步不前，固步自封，永遠讓人琢磨不透。一個人如果過分方方正正，有稜有角，必將碰得頭破血流；但是一個人如果八面玲瓏，圓滑透頂，總是想讓別人吃虧，自己占便宜，必將被眾人所拋棄。因此，與人交往時必須方外有圓，圓中有方，外圓內方。

著名教育家黃炎培十分讚賞「外圓內方」的做人原則。他在給兒子寫的座右銘中就有這樣的話：「和若春風，肅若秋霜，取象於錢，外圓內方。」黃老先生的話，實際上是對「外圓內方」的一個很好的解釋。在他看來，「圓」就是要「和若春風」，對朋友、同事、左鄰右舍要敬重、誠實、平易近人，和氣共事；「方」就是要「肅若秋霜」，做事要認真，堅持原則。「取象於錢」則是以古代銅錢為形象比喻，啟發人們要把「外圓」與「內方」合二為一。真可謂言簡意賅，發人深省。

外圓內方之人，有忍的精神，有讓的胸懷，有糊塗的智慧，有臉上掛著笑的哭，有

外圓內方，進退自如

表面看似是錯的……

商界有巨富，官場有首腦，世外有高人，情場有老手。他們的成功要訣就是精通了何時何事可「方」、何時何事可「圓」的為人處世技巧。

「方」是做人之本，是堂堂正正做人的脊梁。人僅僅依靠「方」是不夠的，還需要有「圓」的包裹，無論是在商界、官場方面，還是在交友、情愛方面，都需要掌握「方圓」的技巧，這樣才能無往不利。

做人首先要在「內方」上下工夫。「方」是人格獨立、靈魂正直的表現，是立世之本。我們要真正達到「方」的有理、「方」的有志，同時要做到堅持真理、愛恨分明，在原則問題上，不左右逢迎、隨波逐流。而面對錯誤行為、不良傾向，要立場鮮明，勇於挺身而出，正直不阿。

同時，做人一定要「圓」。這個圓不是圓滑世故，更不是平庸無能，這種圓是圓通，是一種寬厚、圓融，是大智若愚，是與人為善，是居高臨下、明察秋毫之後的心智的高度健全和成熟。不要因為洞察別人的弱點而咄咄逼人，不要因為自己比別人高明而盛氣凌人，任何時候也不要因為堅持自己的個性和主張讓人感到壓迫和懼怕，任何情況下，都要做到潛移默化別人而又絕不會讓人感到是強加於人……這需要極高的素養，很高的悟性和技巧，這是做人的高尚境界。可以說，圓的壓力是最小的，但張力卻是最大的，圓的可塑性也非常得強。這圓好做又不好做，好做是因為如果人真正有大智慧、大胸襟，真正能自強自信，心態平和，心地善良，凡事都往好的一面想，凡事都能站在對方的立場為他人著想，人的弱點皆能原諒，即便是遇見惡魔也堅信自己能道高一丈，如真能那樣，人還有什麼做不好呢？做人圓，那也會有犧牲，有時要犧牲小我；有時要忍辱負重，忍氣吞聲；更多的時候需要承受一些屈辱、誤解。

一天，曹操請劉備喝酒。那時，正是劉備貧困潦倒之時。酒喝到一半，忽然烏雲密布，大雨就要來了。僕人指著天上的像條龍形的烏雲，曹操與劉備則一邊聊著一邊觀看。

曹操說：「使君知道龍的變化嗎？」

劉備說：「不知道。」

曹操說：「龍能變大能變小，能飛能隱藏，變大就是興雲吐霧，變小就是隱藏形跡，飛上去就是飛騰在宇宙之間，隱藏起來就是潛伏在大海的波濤之內。現在是春天後期，龍趁著時節變化，像是人發達了所以縱橫四海。龍這個事物，可比擬天下的英雄。劉備你總在外面走，應該知道當世有哪些英雄，請都說出來。」

隨後，劉備點遍袁術、袁紹、劉表、孫策、張繡、張魯等人，均被曹操一一貶低。

曹操說：「像個英雄的人，應該胸懷大志，腹有好的謀略，有包藏宇宙的機變，有吞吐天地之志向。」

劉備說：「誰是這樣的人？」

曹操用手指著劉備，又揮手指自己，然後說：「現在天下能稱為英雄的，只有使君與我才是！」

劉備一聽，嚇了一跳，結果把筷子掉到了地上。與此同時，天上「轟隆」一聲打了個巨雷。

曹操聽到了筷子落地的聲音，忙問劉備：「怎麼啦？」

「雷聲一震，嚇得我筷子都掉了。」劉備假裝鎮定地說。

曹操笑著說：「大丈夫也怕打雷嗎？」

劉備說：「聖人也怕打雷，我怎麼不怕呢？」

劉備巧妙地將自己當時的慌亂掩飾過去，從而避免了一場劫難。自此，曹操認為劉備胸無大志，必不能成氣候，也就未把他放在眼裡。如此，劉備才得以休整自己、壯大自己。

可以說，劉備在煮酒論英雄的對答中是非常聰明的，他用的就是方圓之術，在曹操的哈哈大笑之中，才免去了曹操對他的懷疑和嫉妒。

動為方，靜為圓；剛為方，柔為圓。以不變應萬變是方，以萬變應不變是圓。凡事都在圓中預、方中立，這是古人謀事的原則，也是亙古不變的真理。世間事物都在這方圓之中，而方圓也是歷史和哲學的辯證。

事繁勿慌，事閒勿荒；有言必信、無欲則剛。和若春風，肅若秋霜；取象於錢、外圓內方。

正話反說，話中有話

有時，與人交往，總會有一些讓我們不便、不忍或語境不允許直說的話題。如此，就需要把「詞鋒」隱遁，或把「稜角」磨圓一些，或從相反的角度深入，使語意軟化，便於聽者接受。即說話人故意說些與本意相反的事物，以烘托本來要直說的意思。

這就要求我們學會正話反說。特別是在有些場合，對於對方的評判或反對意見，有時坦言辯駁並不合適，那不妨採用反語。

正話反說，話中有話

春秋時期，齊景公一匹最心愛的馬，突然病死了。齊景公失掉愛馬，立即命令武士把馬夫推出去斬首。

齊相晏子得知此事後，對齊景公胡亂殺人很是不滿。可是，怎樣才能制止齊景公的殘暴行為呢？直言勸說，他可能不聽；當面阻止，他會因失君面而惱怒，馬夫被殺掉的可能性更大。晏子思前想後，最後想出了一個主意，他對齊景公說：「有個問題向陛下請教，堯舜肢解人時，是從誰身上開始的？」齊景公不知如何回答，心想：「堯舜是賢明君主，人們世代傳頌，從未肢解過人，怎麼能說從誰身上開始呢？」他猛然醒悟過來，這是晏子在開導自己。於是很不高興地說：「相國，我明白了，肢解人不應該從我開始。」當即命令把馬夫關到監獄裡。

晏子見此，知道齊景公這口氣還沒出來，馬夫早晚還得遭殃。於是，他嚴肅地對齊景公說：「陛下，我把馬夫的罪行列舉出來吧？其罪行有三條：第一，他把國君的馬養死了；第二，死的馬是國君最心愛的馬；第三，他讓國君因死了一匹馬而殺人，百姓聽說了，會怨恨國君，官員們聽說了，會以為國君殘暴，不通情理，以致蔑視國君，遠離國君。這樣，舉國上下，朝廷內外，都會對國君不滿、失望，這是馬夫最嚴重的罪行，完全應該殺掉。」齊景公聽著晏嬰的話，非常羞愧，趕緊打斷晏嬰的話，說：「好了。」於是，齊景公立即派人把馬夫釋放了。

秦朝的優旃是一個有名的幽默人物，有一次，秦始皇要大肆擴建御園，多養珍禽異獸，以供自己圍獵享樂。這是一件勞民傷財的事，但大臣們誰也不敢冒死阻止秦始皇。這時，能言善辯的優旃挺身而出，他對秦始皇說：「好，這個主意很好，多養珍禽異獸，敵人就不敢來了，即使敵人從東方來了，下令麋鹿用角把他們頂回去就足夠了。」秦始皇聽了不禁破顏而笑，並破例收回了成命。

優旃之所以成功地勸服秦始皇，主要是使用了幽默的力量。他的話表面上是贊同皇上的主意，而實際意思則是說如果按皇上的主意辦事，國力就會空虛，敵人就會趁機進攻，而麋鹿是沒有能力用角把他們頂回去的。這樣的正話反說，因為字面上贊同了秦始皇，優旃足以保全自己；而真正的含義，又促使秦始皇不得不在笑聲中醒悟，從而達到了他的說服目的。

正話反話的廣告技巧，在中國古代就被運用。相傳有一家酒店門口貼出招貼，上寫：「本店以信譽擔保，出售的完全是陳年好酒，絕不摻水。」另一家酒店的門口也貼出招貼：「敝店素來崇尚誠實，出售的一概是摻水一成的陳年老酒，如不願摻水者，請預先聲明，但飲後醉倒概與本店無涉。」讓我們看看結果如何？前者說過了頭，失去了顧客的信任；後者自認酒中摻水，又風趣地肯定摻水的必要，讓顧客願意上鉤，酒店生意格外興隆。

然而，有的廣告一味吹噓自己的產品有什麼「神奇的功效」，「譽滿全球」、「芳顏永駐」、「國際口味」、「最高境界」、「超一流水準」等，這一切，令人無法證實，儘管承諾很好，卻不能使人相信，結果，回應者甚少。

由此可見，正話反說不僅顯得幽默，而且意義深遠，更具有強烈的說服效果。其實，在現實生活中，在很多情況下，需要我們採取正話反說的說話策略。因此，只要我們能夠用心去領會，不斷實踐，就一定能熟練地運用這種說話技巧，從而幫助我們在與人交談時取得更好的效果。

沒有人能抗拒微笑

德國的威爾科克斯曾說過：「當生活像一首歌那樣輕快流暢時，笑顏常開乃易事；而在一切事都不妙時仍能微笑的人，才活得有價值。」

可以說，微笑是所有的人類特徵中最富於魅力的，微笑著面對他人，微笑著面對困難，你將會收到意想不到的驚喜。

這裡有個故事：

飛機起飛前，一位乘客請求空姐給他倒一杯水吃藥。空姐很有禮貌地說：「先生，為了您的安全，請稍等片刻，等飛機進入平穩飛行後，我會立刻把水給您送過來。好嗎？」

十五分鐘後，飛機早已進入了平穩飛行狀態。突然，乘客服務鈴急促地響了起來，空姐猛然意識到：「糟了，由於太忙，忘記給那位乘客倒水了！」空姐連忙來到客艙，小心翼翼地把水送到那位乘客跟前，面帶微笑地說：「先生，實在是對不起，由於我的疏忽，延誤了您吃藥的時間，我感到非常抱歉。」這位乘客抬起左手，指著手錶說道：「怎麼回事？有你這樣服務的嗎？你看看，都過了多久了？」空姐手裡端著水，心裡感到很委屈。但是，無論她怎麼解釋，這位挑剔的乘客都不肯原諒她的疏忽。

接下來的飛行途中，為了補償自己的過失，空姐每次去客艙給乘客服務時，都會特意走到那位元乘客面前，面帶微笑地詢問他是否需要水，或者別的什麼幫助。然而，那位乘客餘怒未消，擺出一副不合作的樣子，並不理會空姐。

臨到目的地前，那位乘客要求空姐把留言本給他送過去。很顯然，他要投訴這名空姐。此時，空姐心裡雖然很委屈，但是仍然不失職業道德，顯得非常有禮貌，而且面帶微笑地說道：「先生，請允許我再次向您表示真誠的歉意，無論你提出什麼意見，我都將欣然接受您的批評！」那位乘客臉色一緊，嘴巴準備說什麼，可是卻沒有開口。他接過留言本，在上面寫了起來。

飛機安全降落。所有的乘客陸續離開後，空姐打開留言本，驚奇地發現，那位乘客在本子上寫下的並不是投訴信，而是一封熱情洋溢的表揚信。

是什麼使得這位挑剔的乘客最終放棄了投訴呢？在信中，空姐讀到這樣一句話：「在整個過程中，你表現出的真誠的歉意，特別是你的十二次微笑，深深打動了我，使我最終決定將投訴信寫成表揚信！你的服務品質很高。下次如果有機會，我還將乘坐你們的這趟航班！」

女乘務員在遇到難題時用微笑處理，結果贏得了乘客稱讚。如果當時她也衝乘客發脾氣，那麼，一場「戰爭」就無法避免了，而「戰爭」的結局對她肯定不利。顯然，這位女乘務員是明智的，她把自己的情緒處理得非常好，而且最終以微笑贏得了榮譽。

微笑不僅是一種表情，更是一種感情的流露。沒有人會因為富有而拋棄它，也沒有人因為貧窮而將它冷落。只要你微笑面對生活，生活就會向你微笑。微笑讓你消除煩惱，微笑讓你重新找回自我。如果你常把笑容慷慨地送給別人，使沮喪者重獲信心，使失落的人得到撫慰，使陷入煩惱的人得到解脫。你會突然間發現生活真的很完美，和諧無處不在。

達文西的「蒙娜麗莎」是被全世界公認為最偉大也最具魅力的藝術品之一，這幅畫之所以會征服全世界，就因為蒙娜麗莎若隱若現而又彌漫充盈的神祕的笑意。可見，微笑有著超越時空的震撼人心的力量。

面露平和歡愉的微笑，證明你心情愉悅，熱愛生活，你的微笑向大家展示了你積極、健康、樂觀的魅力。面帶自信的微笑，以不屈不撓、勇往直前的姿態與人交往，你會被他人欣然接受，同時收穫朋友的信任和讚許；面帶真誠友善的微笑，用內心的善良和友好，讓對方感受到你待人誠懇、平易近人。在平凡的工作崗位上保持你燦爛的微笑，創造一種和諧融洽的氣氛，讓你的服務在微笑的海洋裡蕩漾，為自己創造一份輕鬆的心情，為朋友送上一份真摯的祝福。

學會微笑，帶著微笑呼吸清新的空氣，帶著微笑享受如詩的生活，帶著微笑面對每一個日出日落，用那淡淡的微笑去詮釋幸福的真諦，用微笑這種獨特的方式去保存每個值得記憶的瞬間，慷慨而豪邁地把我們的微笑獻給那片純淨的藍天，留給生命中的分分秒秒，送給所有愛你的人和你愛的人。儘管，人生道路上布滿荊棘、充滿崎嶇和坎坷。

沒有人能抗拒微笑

但只要有微笑，你的心靈就不會在恐懼中迷失方向；只要有微笑，你就能清晰地看到勝利的曙光閃爍在成功的彼岸。順境中，微笑是對成功的肯定和嘉獎；逆境中，微笑是治療創傷的妙藥。微笑的力量，飽含著對生命的熱愛和事業的追求。它似一股甘泉滋潤著我們乾涸的心田，賜予我們新的憧憬和希望，使我們以昂揚的鬥志邁步向前。

微笑不僅給人們以愉快、溫馨，也傳達出一種安全感，一種對生活的滿足和對社會的信賴。微笑很簡單，人人都能做到，現在就可以做到。微笑又很不簡單，當一個社會充滿了微笑時，你會感受生活也充滿了魅力。每天微笑多一點點，世界就會變得更加美好，愛情也會更加甜蜜。願沒有微笑的朋友，學會微笑吧，有了燦爛的心情，天藍了，雲白了，風輕了，你的憧憬就會變成現實，你的世界就會充滿陽光。

當你失意與沮喪時，不妨笑一笑，你會頓時茅塞頓開；當你遇到困難一蹶不振時，笑一下，你就會覺得精神百倍；當你憂愁苦悶時，一個微笑，會驅散你心頭的陰霾。笑給人以舒暢，給人以力量，給人以覺悟。

傾聽比傾訴更讓人傾心

古時有一個國王，想考考他的大臣，就讓人打造了三個一模一樣的小金人，讓大臣分辨哪個最有價值。最後，一位老臣用一根稻草試出了三個小金人的價值，他把稻草依次插入三個小金人的耳朵，第一個小金人稻草從另一邊耳朵裡出來，第二個小金人稻草從嘴裡出來，只有第三個小金人，稻草放進耳朵後，什麼響動也沒有，於是老臣認定第三個小金人最有價值。

同樣的三個小金人卻存在著不同的價值，第三個小金人之所以被認為最有價值，是因為其善於傾聽。其實，人也同樣，最有價值的人，不一定是最能說會道的人。善於傾聽，消化在心，這才是一個有價值的人應具有的最基本的素養。

外國有句諺語：「用十秒鐘的時間講，用十分鐘的時間聽。」善於傾聽，是說話成功的一個要訣。據美國俄亥俄州立大學一些學者的研究，成年人在一天當中，有百分之七的時間用於交流思想，而在這百分之七的時間裡，有百分之三十用於講，高達百分之四十五的時間用於聽。這說明，聽在人們的交往中居於非常重要的地位。

在我們的周圍，很多人一心只想表現自己，喜歡高談闊論、誇誇其談，卻不能耐心

傾聽比傾訴更讓人傾心

傾聽別人的意見與想法。誠然，他們是能說會道的人，卻不是最招人喜歡的人，因為他們不懂得傾聽比傾訴更重要。

其實，傾聽飽含著很多意義——傾聽證明你在乎、尊重別人，傾聽證明你不是孤獨的。傾聽是一種心靈的溝通，只有認真地傾聽，才能更好地傾訴。傾聽和傾訴是相輔相成、互相依賴的。傾聽是傾訴的目標和方向，沒有傾聽的傾訴就是無源之水。

傾聽是一種幸福。生活中，我們不妨傾聽父母那喋喋不休的嘮叨，這是一種愛意的釋放；我們不妨傾聽子女的訴說，以朋友的姿態去感知那顆心靈，給予他們前行的信心；我們也不妨傾聽同事和朋友的喜悅和煩惱，真誠地為他們的進步高興，為他們的消沉加油，成為他們雨中的一把傘，路上的一盞燈。

在人與人的交往中，傾訴是表達自己，傾聽是了解別人，達到心靈共鳴。在人與人的溝通中，除了傾訴，我們還應該學會傾聽。當一個人高興的時候，我們要學會傾聽，傾聽快樂的理由，分享快樂的心情。當一個人悲傷的時候，我們要學會傾聽，傾聽痛苦的緣由，失意的原因，理解傾訴者內心的苦處，表示出憐憫同情之心，淡化悲傷，化解痛苦。當一個人處於工作矛盾、家庭矛盾和鄰里矛盾時，傾聽矛盾的癥結，幫助分析，為其分憂解難……傾聽是一種與人為善、心平氣和、虛懷若谷的姿態。有了這份姿態，就會多聽一些意見，少出幾句怨言，或許就意味著家庭中多了一分和睦，戀人間多了一分和諧，朋友間多了一分和氣。

願意傾聽別人，就等於表示自己願意接納別人，承認和重視別人。如果你能面帶微笑，用一種專注而又迫切的眼光看著他，那會讓人感覺你是欣賞他的。在這種氛圍裡，對方會充分地展現自己。如果你是一個主管，下屬向你提建議，即使開始還有點緊張，但你的傾聽會使他馬上感到放鬆和自信。所以說，學會傾聽，對主管來講，也是個重要的領導思想和領導方法。

傾聽，在人們生活中如此重要，那麼，就讓我們重視起來吧！只有這樣，我們的生活才會更加和諧舒暢，我們的人生才會到處充滿陽光。當然，學會傾聽，更要學會鑒別。學會傾聽，並非逆來順受，而是要具體問題具體分析。對那些混淆是非、造謠中傷、無中生有的無聊傾訴，則要給予善意的勸解，必要的話，還要給予嚴厲的批評，堅決制止。

傾聽比傾訴更讓人傾心，讓我們都來做一個善於傾聽的人吧！

上交不諂，下交不瀆

「上交不諂，下交不瀆」的意思是說：「與地位比自己高的人交往，不奉承討好；與地位比自己低的人交往，不輕慢高傲。」

一天，蘇東坡打扮成秀才，帶一家奴，前去遊覽江南風景聖地莫干山，見一座道觀，便和隨從一起進去討杯茶喝。道觀主持道人見他衣著簡樸，以為是個落第秀才，冷淡地說：「坐！」然後回頭對道童說了聲：「茶！」後來見他脫口珠璣，談吐不凡，料定有些來歷，老道立刻換了一副面孔，說聲：「請坐！」又叫道童：「敬茶！」坐了一會兒，老道借沏茶之機，悄悄地向僕人打問，才知道是大名鼎鼎的蘇大學士、杭州刺史老爺到了，馬上把蘇東坡引至客廳，畢恭畢敬地說：「請上座！」並回頭吩咐道童：「敬香茶！」蘇東坡心想，出家人尚且如此世故，難怪世上人情淡如水，不覺暗暗發笑。老道人好不容易抓住了這個時機，便請蘇東坡留墨題詞。蘇東坡就把眼前發生的事實經過，寫了一副對聯：

坐！請坐！請上坐！

茶！敬茶！敬香茶！

老道人見聯自知失禮，滿面羞愧。蘇東坡的對聯，詼諧有趣，把老道人以衣帽取人、十分世故的形態和嘴臉勾畫得惟妙惟肖。

事實上，越是偉大的人物越謙遜，他們不會因為位高名顯而飛揚跋扈，而他們越是謙遜，世人就越覺得他們偉大。

在林肯的故居裡，掛著他的兩張畫像，一張有鬍子，一張沒有鬍子。在畫像旁邊的牆上貼著一張紙，上面歪歪扭扭地寫著：

親愛的先生：

我是一個十一歲的小女孩，非常希望您能當選美國總統，因此請您不要見怪我給您這樣一位偉人寫這封信。

如果您有一個和我一樣的女兒，就請您代我向她問好。要是您不能給我回信，就請她給我寫吧。我有四個哥哥，他們中有兩人已決定投您的票了。如果您能把鬍子留起來，我就能讓另外兩個哥哥也選您。您的臉太瘦了，如果留起鬍子就會更好看。所有女人都喜歡鬍子，那是她們也會讓她們的丈夫投您的票。這樣，您一定會當選總統。

格雷西

在收到小格雷西的信後，林肯立即回了一封信。

上交不諂，下交不瀆

我親愛的小妹妹：

收到你十五日的來信，非常高興。我很難過，因為我沒有女兒。我有三個兒子，一個十七歲，一個九歲，一個七歲，我的家庭就是由他們和他們的媽媽組成的。關於鬍子，我從來沒有留過，如果我從現在起留鬍子，你認為人們會不會覺得有點可笑？

你忠實的亞伯拉罕．林肯

第二年二月，當選的林肯在前往白宮就職途中，特地在小女孩居住的小城市韋斯特菲爾德車站停了下來。他對歡迎的人群說：「這裡有我的一個小朋友，我的鬍子就是為她留的。如果她在這兒，我要和她談談。她叫格雷西。」這時，小格雷西跑到林肯面前，林肯把她抱了起來，親吻她的面頰。小格雷西高興地撫摸他又濃又密的鬍子。林肯笑著對她說：「你看，我讓它為你長出來了。」

人們常說，看一個人是否偉大，只要看他對待小人物的態度就行了。真正偉大的人，具有寬廣的胸懷，他們從不會被外在的榮耀所左右，他們的處世方式就像才女張愛玲所寫的：「低到塵埃，開出花朵。」

在日常生活中，面對地位、財富等比我們有優勢的人，不要自愧不如，甘願低三下四，一味地拍馬屁。同樣，不要因為對方的年齡、學歷、資歷等比不上自己，就因此瞧不起他，以至剛愎自用、趾高氣揚、驕橫跋扈。凡此種種，都不是待人處世應有的態度。相反，我們要謙恭和氣、平易近人。總之，一句話，在任何時候，對任何人，我們都要做到不卑不亢。

風光時更要注意低調

今年春節時，我約了幾個朋友來家裡吃飯，這些朋友都是互相認識的老朋友了。我把大家聚在一起吃個飯，主要是想借熱鬧的氣氛，讓情緒陷於低潮的老劉開開心。老劉這一年來，一直不順，股市上虧了血本不說，妻子還在和他鬧離婚，內外交困中，不到四十歲的他看上去真的是「老劉」了。

來吃飯的朋友都知道老劉目前的境況，大家也盡量說些開心的笑話、段子，不提什麼事業、股票之類的話題。但酒過三巡後，朋友吳生的話開始多了起來，忍不住大談他在去年「五點三〇」前如何警醒，如何從各種資訊中嗅出股市的異味，又如何勝利大逃亡。同時，還大談一家人如何「揮霍」賺來的鉅款。那種得意的樣子，在酒精的作用下格外囂張與神氣。老劉默默地坐在角落，低頭不語，臉色非常難看。沒多久，老劉就提前離席了。

風光時更要注意低調

我送老劉下樓時，老劉憤憤地說：「老吳賺了錢也沒有必要在我面前炫耀嘛！」我理解老劉的心情。因為我在多年前處於人生低潮時，也有過類似的心路。

一個人風光得意時，要他閉嘴不談自己的神勇也許不太容易。但你一定要想一想，你的受眾聽了，會是怎樣的感覺？

瑞典知名女影星英格麗．褒曼，在獲得了兩屆奧斯卡最佳女主角獎後，又因在《東方快車謀殺案》中的精湛演技獲得最佳女配角獎。褒曼在領獎時，一再稱讚與她角逐最佳女配角獎的弗倫汀娜．克蒂斯。她認為真正獲獎的應該是這位落選者，並由衷地說：「原諒我，弗倫汀娜，我事先並沒有打算獲獎。」

褒曼作為獲獎者，沒有喋喋不休地敘述自己的成就與輝煌，卻對自己的對手推崇備至，極力維護了對手落選的面子。無論誰是這位對手，都會十分感激褒曼，會認定她是值得傾心相交的朋友。一個人能在獲得榮譽的時刻，如此善待競爭對手，如此與夥伴貼心，實在是一種文明典雅的風度。

一個人在混得不怎麼樣時，還不太看得出品性。混得風光時，才能看得更清楚。我們見到了太多苦心經營創業的人，他們行事謹慎、做人規矩，但人一闊，臉就變了。兩隻眼睛朝天望，不可一世。我們稱這種人為「暴發戶」。

得意忘形者並不知道：「越是偉大的人，越是謙卑待人。同時，越是謙卑待人，又越顯其偉大。」據說富可敵國的洛克斐勒在準備乘坐火車時，被一個貴婦人要求幫忙提箱子。上了火車後，貴婦人順手給了洛克斐勒一美元的小費。車子啟動後，列車長在例行的巡視中看見了洛克斐勒，高興地打招呼：「嘿，洛克斐勒先生，歡迎您乘坐這趟列車，我是這輛列車的列車長，如果您有什麼需要幫忙的請找我。」洛克斐勒表示感謝後，沒有提出什麼要求。身邊的貴婦人聽了，非常吃驚，認為自己讓石油大王提了箱子，並給了一美元的小費，實在是荒唐。於是她誠懇地道歉，並懇求洛克斐勒將一美元退給自己。洛克斐勒微笑著回答：「太太，你不用道歉，你沒有做錯什麼；這一美元是我掙來的，所以我可以收下。」

不要有了一點成就，就喋喋不休地訴說著自己的光輝的奮鬥史，不要因為腰包裡豐厚就盛氣凌人，有內涵有實力的人，最懂得低調。

山不炫耀自己的高度，並不影響它的聳立雲端；海不炫耀自己的深度，並不影響它容納百川；地不炫耀自己的厚度，但沒有誰能取代它承載萬物的地位。

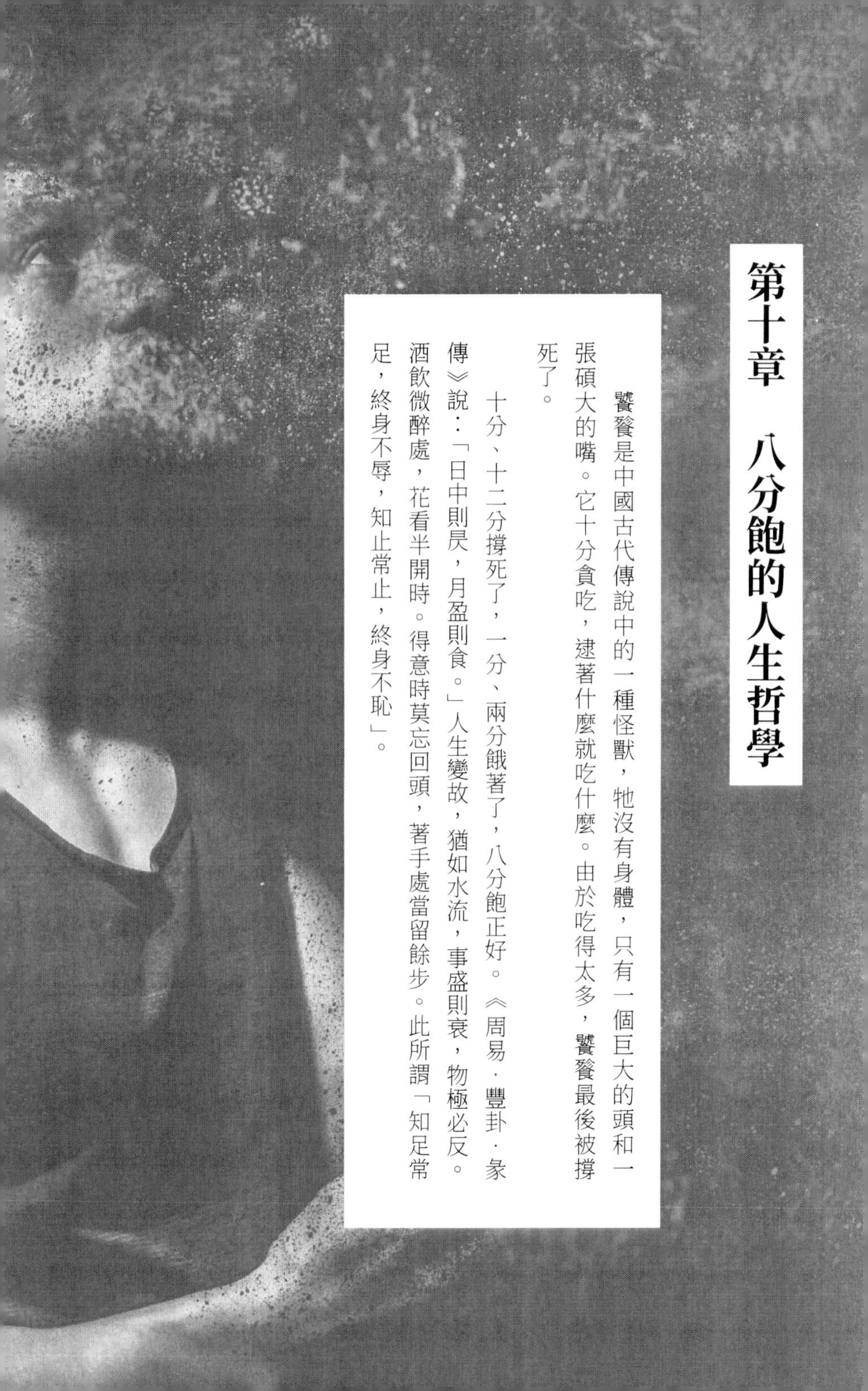

第十章　八分飽的人生哲學

饕餮是中國古代傳說中的一種怪獸，牠沒有身體，只有一個巨大的頭和一張碩大的嘴。它十分貪吃，逮著什麼就吃什麼。由於吃得太多，饕餮最後被撐死了。

十分、十二分撐死了，一分、兩分餓著了，八分飽正好。《周易．豐卦．象傳》說：「日中則昃，月盈則食。」人生變故，猶如水流，事盛則衰，物極必反。酒飲微醉處，花看半開時。得意時莫忘回頭，著手處當留餘步。此所謂「知足常足，終身不辱，知止常止，終身不恥」。

昌家之道留餘忌盡

《菜根譚》中有云：「事事要留個有餘不盡的意思，便造物不能忌我，鬼神不能損我。若業必求滿，功必求盈者，不生內變，必招外憂。」意為事事要留個有餘地。

世事如浮雲，循環往復，瞬息萬變。在《周易．豐卦．彖傳》上說：「日中則昃，月盈則食。」指的是太陽到了正午，就會西落，十五的月最圓，殘缺之時馬上到來。天地有此虧盈消長之道，人世間的事物也是如此。當《紅樓夢》中的賈府處於「烈火烹油，鮮花著錦」的盛世時，其實也正是走向日暮窮途的轉折點。最後，終於「呼啦啦似大廈傾，昏慘慘似燈將盡」地一敗塗地。

天道的盈虧不以人的意志為轉移，太陽到了正午自然中天，月亮到了農曆十五必然最圓。而人卻能夠進行自我控制，使自己保持不「滿」的狀態，以避免走下坡路。

號稱「中國三大莊園」之一的莊園——河南康百萬莊園，始建於明末清初。和股市裡的「楊百萬」或其他行業的「某百萬」不同，「康百萬」指的不單是一個人，而是對明清以康應魁為代表的整個康氏家族的統稱。當年慈禧太后逃難西安，回鑾北京時，路過康店，曾經得到康家的資助，便賜名「康百萬」，於是康氏家族因慈禧的封賜而名揚

昌家之道留餘忌盡

天下。

在康百萬莊園裡，珍藏著一塊名為「留餘」的匾，該匾開篇提到：「留耕道人〈四留銘〉云：『留有餘，不盡之巧以還造化；留有餘，不盡之祿以還朝廷；留有餘，不盡之財以還百姓；留有餘，不盡之福以還子孫。』」這裡所謂的「四留」，引用的是南宋留耕道人王伯大的四句座右銘。康家的前輩以此來教育子孫，凡事都要留有餘地，人生在世，不要把福祿壽財都享盡占盡，把它留給需要它的人。接著，該匾又引用明朝進士高景逸的兩句話：「臨事讓人一步，自有餘地；臨財放寬一分，自有餘味。」最後又總結道：「若輩之昌家之道乎？留餘忌盡而已。」

什麼是昌家之道呢？無非是「留餘忌盡而已」！所謂的「留餘」，在表面上包含兩層意思。一是給自己留餘地，使自己行不至於絕處，言不至於極端，有進有退，措置裕如，以便日後更能機動靈活地處理事務，解決複雜多變的社會問題。二是給別人留餘地，無論在什麼情況下，都不要把別人推向絕路、致人於死地。狗急了會跳牆，兔子急了會咬人，人被逼急了很容易做出極端的反抗，例如很多暴力犯罪就是源於「忍無可忍」。這樣一來，事情的結果對彼此都沒有好處。很多時候，人能生時定要求生，有百條生存之路可行，鬥爭中給他斷去九十九條，留一條與他行，他也不會提著自家腦袋來拼命。倘若連他最後一條路也斷了，那麼，他一定會絕地反擊，背水一戰。想一想，世界之大，人事之繁，何必逼人無路、激人無顏呢？

俗話說：「富不過三代」，歷史的車輪行駛在今天這個高速度、快節奏的路上，「富」與「窮」的轉換速度與節奏也隨之變得頻繁而又快速。看那些財富榜上的英雄，不出三五年，或一蹶不振，或身陷囹圄……「富不過三代」大有「富不過三年」之勢。原因何在？一個字：「滿」。仗著被子長，拚命把腳伸，伸腳尚不足，還要滿鋪滾。結果不是受了凍、著了涼，就是滾落床底難以翻身。反觀康氏家族，上自六祖康紹敬下至十八世康庭蘭，一直富裕了十二代、四百多年、縱跨明、清、民國三個時期！

企業的常青需要良好的企業文化基座，家族的常青又何嘗不是如此？可以說，康家良好的家族文化，是康家繁榮昌盛四百年的祕訣。而在康家的家族文化裡，康家家訓——「留餘」是文化的內核。儒家從周而復始的自然變化中得到心靈的啟示：「無平不陂，無往不復。」即人生變故，猶如水流，事盛則衰，物極必反。

天道的盈虧不以人的意志為轉移，太陽到了正午自然中天，月亮到了農曆十五必然最圓。而人卻能夠進行自我控制，使自己保持不「滿」的狀態，以避免走下坡路。

八分飽需要一顆平常心

有一位驍勇善戰的將軍，歷經了上百次的血戰方才平息了戰事。鐵馬金戈的倥傯歲月已經遠去，賦閒在家的將軍因為無聊，便用玩古瓷來消磨時間。

在將軍收藏的眾多古瓷中，他最喜歡的是一個青花瓷碗，他幾乎每一天都要把這個瓷碗放在手裡把玩把玩。有一天，將軍在把玩這個瓷碗時，一不小心瓷碗溜了手。幸虧將軍身手還在，及時反手把瓷碗敏捷地接住。不過，將軍也因自己的疏忽而嚇出了一身冷汗。

因為有了這一次教訓，將軍刻意地減少了把玩那件瓷碗的次數與時間，並且在每次把玩時更加小心翼翼。然而，第二次危險又在不久之後降臨了。這一次，瓷碗幸運地落在將軍的布鞋上再滾到地下而得以保全。

自從青花瓷碗兩次險些遭了厄運後，將軍就更加小心對待它了。他大多數時間裡只是放在案頭看一看，很少拿到手裡把玩。而在那偶爾的把玩當中，將軍奇怪地發現——只要自己一拿起青花瓷碗，心裡就會打鼓，手就會顫抖。

將軍心裡有了疑惑：「我身經百戰，從來沒有過一絲畏懼與顫抖，為何現在為了一件瓷器變成這樣呢？」

將軍想了很久，終於明白是自己太在乎這件瓷器了。他當初橫刀立馬，早已將生死置之度外了，因此從來沒有產生過恐懼與害怕。而今天，一件小小的瓷器僅僅是因為自己太在乎，就在他心裡掀起了巨浪，以至於手都不聽使喚。

太想穿好針的手會忍不住顫抖、太想踢進球的腳會忍不住顫抖、太想面試中勝出的嘴會顫抖……因為很想得到，所以很快失去——這樣的例子在我們生活中還少嗎？

美國有一個著名的雜技演員叫瓦倫達，他最拿手的雜技是高空走鋼索。瓦倫達走在高空鋼索上，用「如履平地」來形容毫不誇張。然而，正是這樣一個技藝高超的雜技演員，在一次重大的表演中不幸失足身亡。他的妻子事後說：「我知道這次一定要出事，因為他上場前總是不停地說，這次太重要了，不能失敗，絕不能失敗；他把很多精力用在避免掉下來，而不是用在走鋼索，而以前每次成功的表演，他只想著走鋼索這件事本身，而不去管這件事可能帶來的一切。」

那次表演的觀眾都是美國的知名人物，演出成功不僅會奠定瓦倫達在演技界的地位，還會給他的表演團帶來滾滾財源。而正是表演的重大意義，使瓦倫達的心不在平和、行動不在穩健。是十分飽的期望之心，制約了他能力的發揮。

瓦倫達用他生命的代價告訴我們，無論面對什麼，都要保持一顆平常之心。儘管要做到這一點很難，但我們不能因為難而退卻。

退後也是一種前進

一個人若能在紛繁複雜的環境中措置裕如地駕馭人生局面，做到逢凶化吉，遇難呈祥，把不可能的事變為可能的事，最後達到成功之目的，就需要牢記一個「退」字。退是一種糊塗謀略，更是一種維繫生存的手法。面對千難萬阻，要完成自己的目的，不來點糊塗可不行。

有時候，退不是膽怯、更不是窩囊的表現。退是為了進，退是最好的進。

《左傳．僖公二十三年》裡記載了「退避三舍」的故事。

春秋時候，晉獻公聽信讒言，殺了太子申生，又派人捉拿申生的弟弟重耳。重耳聞訊，逃出了晉國，在外流忘十幾年。

經過千辛萬苦，重耳來到楚國。楚成王認為重耳日後必有大作為，就以國君之禮相迎，待他如上賓。

一天，楚成王設宴招待重耳，兩人飲酒敘歡，氣氛十分融洽。忽然，楚成王問重耳：「你若有一天回晉國當上國君，該怎麼報答我呢？」重耳略一思考說：「美女待從、珍寶絲綢，大王您有的是，珍禽羽毛，象牙獸皮，更是楚地的盛產，晉國哪有什麼珍奇物品獻給大王呢？」楚王說：「公子過謙了。話雖然這麼說，可總該對我有所表示吧？」重耳笑笑回答道：「要是託您的福。果真能回國當政的話，我願與貴國友好。假如有一天，晉楚國之間發生戰爭，我一定命令軍隊先退避三舍（一舍等於三十里），假如還不能得到您的原諒，我再與您交戰。」

四年後，重耳真的回到晉國當上了國君，這就是歷史上有名的晉文公。晉國在他的治理下日益強大。

西元前六三三年，楚國和晉國的軍隊在作戰時相遇。晉文公為了實現他許下的諾言，下令軍隊後退九十里，駐紮在城濮。楚軍見晉軍後退，以為對方害怕了，馬上追擊。晉軍利用楚軍驕傲輕敵的弱點，集中兵力，大破楚軍，取得了城濮之戰的勝利。

晉文公運用了以退為進的戰略，最終尋找到了殺敵的最佳突破口。

讓我們再看一個故事。漢代的公孫弘年輕時家貧，後來貴為丞相，但生活依然十分儉樸，吃飯只有一個葷菜，睡覺只蓋普通棉被。就因為這樣，大臣汲黯向漢武帝參了一本，批評公孫弘位列三公，有相當可觀的俸祿，卻只蓋普通棉被，實質上是使詐以沽名釣譽，目的是為了騙取儉樸清廉的美名。

漢武帝便問公孫弘：「汲黯所說的都是事實嗎？」公孫弘回答道：「汲黯說得一點沒錯。滿朝大臣中，他與我交情最好，也最了解我。今天他當著眾人的面指責我，正是切中了我的要害。我位列三公而只蓋棉被，生活水準和普通百姓一樣，確實是故意裝得清廉以沽名釣譽。如果不是汲黯忠心耿耿，陛下怎麼會聽到對我的這種批評呢？」漢武帝聽了公孫弘的這一番話，反倒覺得他為人謙讓，就更加尊重他了。

公孫弘面對汲黯的指責和漢武帝的詢問，一句也不辯解，並全都承認，這是何等的一種智慧呀！汲黯指責他「使詐以沽名釣譽」，無論他如何辯解，旁觀者都已先入為主地認為他也許在繼續「使詐」。公孫弘深知這個指責的分量，採取了十分高明的一招，不作任何辯解，承認自己沽名釣譽。這其實表明自己至少「現在沒有使詐」。由於「現在沒有使詐」被指責者及旁觀者都認可了，也就減輕了罪名的份量。公孫弘的高明之處，還在於對指責自己的人大加讚揚，認為他是「忠心耿耿」。這樣一來，便給皇帝及同僚們這樣的印象——公孫弘確實是「宰相肚裡能撐船」。既然眾人有了這樣的心態，那麼公孫弘就用不著去辯解沽名釣譽了，因為這不是什麼政治野心，對皇帝構不成威脅，對同僚構不成傷害，只是個人對清名的一種癖好，無傷大雅。

由此可見，以退為進，實在是一種大智慧。公孫弘為此躲過了一場劫難。

在日常生活中，以退為進的謀略隨處可見。

一位印度商人帶著三幅名家畫到美國出售。印度商人給三幅畫開價為兩百五十美元，少一元也不賣。美國商人也不是商場上的平庸之輩，他一美元都不想多掏，便和印度商人討價還價起來，一時間談判陷入僵局。

忽然，印度商人怒氣沖沖地拿起一幅畫就往外走，二話不說就點火把畫燒掉了。美國畫商看著畫被燒非常心痛，趕緊問印度商人剩下的畫賣多少錢。想不到印度商人這回口氣更是強硬，聲明少於兩百五十美元不賣。少了一幅畫，還要兩百五十美元，美國商人覺得太委屈，便要求降低價錢。但印度商人不理會這一套，又怒氣沖沖地拿起一幅畫點火燒掉。

這一回，美國畫商大驚失色，只好乞求印度商人不要把最後一幅畫燒掉，因為自己實在太愛這幅畫了。接著，他又問這最後一幅畫多少錢。想不到印度商人開口要了五百美元。印度商人接著說：「如今這只剩下一幅，可以說是絕世之寶了，如果你真想要這幅畫的話，最低得出價五百美元。」美國畫商一臉苦相，沒辦法，只好成交。

誠然，印度商人的「奸詐」讓人氣憤，但同時，也不得不讓人對他滋生出些許敬佩之情。當局面一時無法朝自己的預期目標扭轉時，學會示弱，學會放下，沉住氣，結果往往就會有一百八十度的轉彎。這就是以退為進的神奇力量。

不要盲目地與天鬥與地鬥

哲學家叔本華提醒世人說：「一種適當的認命，是人生旅程中最重要的準備。」這句話可以作為八分飽人生哲學的一個最佳注腳。八分飽人生哲學提倡人的奮進與不屈精神，但決不鼓勵人盲目地與天鬥與地鬥。

大衛王是古代猶太以色列國王（約西元前一〇〇〇至前九六〇年在位），這個偉大的國王對美女有著深深的迷戀。一天，他從王宮的平臺上看見容貌甚美的婦人，頓時心旌搖曳。大衛王急忙打聽出她是誰之後，隨即差人將她接進宮中，和她發生了關係。這個美貌婦人叫拔示巴，是大衛王手下將領烏利亞的妻子。

和部下之妻拔示巴風流過後，拔示巴告訴大衛王自己懷上了他的孩子。大衛王便將拔示巴的丈夫烏利亞派去前線，並寫信給前線的元帥，要求他把烏利亞安排在陣勢最險惡的地方，希望借敵人的手將其剷除，使自己「合法」得到拔示巴以及拔示巴腹中的孩子。

大衛王的計謀當然是得逞了。烏利亞戰死在前線，而大衛王則如願以償地將拔示巴迎娶進宮，成為他眾多女人當中最為寵幸的人。然而大衛王借刀殺人、霸占人妻的陰險行為激怒了天神，天神耶和華讓他和拔示巴產下的孩子得了重病。

大衛王為這孩子的病懇求神的寬恕。他開始禁食，把自己關在內室裡，白天黑夜都躺在地上。他家中的老臣來到他的身旁，要把他從地上扶起來，他卻怎麼也不肯起來，也不同他們吃飯。

大衛王希望用這種方法，求得天神的原諒，降福於他的孩子。

然而，在大衛王的「苦肉計」進行到第七天時，患病的孩子終於死去了。大衛王的臣僕都不敢告訴他孩子的死訊。他們想：「孩子還活著的時候，我們勸他，他都不肯聽我們的話，如果現在告訴他孩子死了，他怎麼能不更加傷心呢？」

大衛王見臣僕們彼此低聲說話、神色戚戚的樣子，就知道孩子死了。於是他問臣僕們說：「孩子死了嗎？」

臣僕們不敢撒謊，只得如實回答：「死了。」

大衛王聽了孩子的死訊，就從地上起來，沐浴後抹上香膏，又換了衣服，走進耶和華的宮殿敬拜完畢，然後回宮，吩咐人擺上飯菜，大口大口地吃了起來。

臣僕們疑惑地問：「大衛王啊！你這樣做是什麼意思呢？孩子活著的時候，你不吃不喝，哭泣不止，現在孩子死了，你倒反而起來又吃又喝。」

大衛王說：「孩子還活著的時候，我不吃不喝，哭泣不已，是因為我想到也許天神耶和華會憐恤我，說不定還有希望不讓我的孩子死去；如今孩子都死了，怎麼也無法復活了，我又何必繼續禁食、哭泣來折磨自己呢？我怎麼做都不能使死去的孩子返回來了！」

這個故事當然只是一個傳說，但其中傳遞了一個深刻的哲理——接受你所不能改變的。

如果你努力過了，奮鬥過了，爭取過了，即使失敗我們也沒有必要感到遺憾與悲傷，因為一切都已經無法改變，一切努力與悲傷都於事無補。有時候，我們需要認命。

談到認命，「命運」是一個無法回避的話題。一些人一聽到「命運」，要麼是迷信到底，要麼是嗤之以鼻。其實，「命運」並不神祕，也不深奧，它是由「命」與「運」組成。其中，「命」是死的，是過去式，例如你生在何家，例如你被抄了魷魚，這些情況都是在發生後你才知道的，是不可更改的事實。而「運」是一個建立在將來時基礎上的現在時，你夢想成為富豪，你夢想擁有一份好的工作，你為這些夢想而運動、而運作、而運籌，你透過努力有可能實現它們，這個過程稱之為「運」。「命」是死的，「運」是活的。有一個窮爸爸的「命」是無法改變的，但我們可以透過「運」來讓自己成為富爸爸；被炒的「命」已經無法改變，但我們可以透過「運」來讓自己重新獲得一份更好的工作或乾脆當個不被老闆炒的老闆。

其實，在我們前面所說的「接受你所不能改變的」這句話的後面，還有一句叫：「改變你所不能接受的」。這不是什麼文字遊戲，而是兩句非常具有哲理的睿智之語。在我們所不能接受的事物當中，有百分之二十是無法改變的，因此我們只能選擇接受；我們只能去改變我們所不能接受的事物當中的百分之八十。對百分之二十的坦然接受，就是叔本華所謂的「適當的認命」。

用你的勇敢來改變你所不能接受的，用你的胸懷來接受你所不能改變的，用你的智慧來區分這兩者的區別。

不勉強自己就是八分飽

有個弟子非常苦惱地問法然上人：「師父，我一心念佛，但是不管我如何專心誠意有時候總免不了不知不覺地打瞌睡。您有沒有什麼辦法，幫我克服呢？」

法然上人回答：「很簡單，你只要在清醒時念佛就可以了。」

法然上人一句非常簡單的話，其實包含了樸素的哲理，那就是——人在任何時候都不要勉強自己。

有一個非常聰慧的女孩，一直夢想成為一個鋼琴演奏家。為了實現這個目標，她決心考上專門的音樂院校。為此，她每天都堅持放學回家後練鋼琴四個小時。不管多麼困多麼累，三年裡她從未打過一絲折扣。

但是，有一天，女孩突然對於彈鋼琴產生了強烈的反感。她甚至能夠聞到她以前所從來沒有聞到過的鋼琴氣味，而且一聞就頭痛，要嘔吐。

針對這個奇怪的現象，女孩的父母百思不得其解：「明明鋼琴是好好的，為什麼突然變得有氣味了？而且這個氣味只有女孩能聞到其他任何人都聞不到？」

這種現象持續了很久。終於，在別人的建議下，女孩的父母帶她去了一家大型的醫院。醫生的診斷是女孩患了神經官能症，病因是由於過於刻苦地練習鋼琴，潛意識中對鋼琴產生了強烈的厭惡，由這種厭惡而帶來了鋼琴有氣味的幻覺。

彈鋼琴本來就是一種可以陶冶情操的好方法，但因為這個女孩過於「痴迷」彈鋼琴，結果情操沒有得到陶冶，反而給自己的心靈帶來了傷害。

念佛也好，彈鋼琴也好，做什麼事情都最好是自然一些，不要勉強自己。否則，過多的付出反而可能產生負面效果。

禪中自有大智慧。我們不妨再來看一節關於禪的小故事。

嚴冬將過，寺廟的空地上滿是塵土。小和尚對禪師說：「師父，快撒點種子吧，好難看啊。」

「等天氣暖和了。」禪師說，「隨時。」

立春到了，禪師買了一包草籽，叫小和尚去播種。

春風一起，草籽邊撒邊飄。小和尚慌慌張張地稟告禪師：「師父，不好了，好多種子都被風吹跑了。」

「沒關係，被風吹走的多半是空的，撒下去也發不了芽。」禪師說，「隨性。」

小和尚剛剛撒完種子，幾隻小鳥就湊上來搗亂。「唉，種子都快被鳥吃光了。」小和尚向禪師報告。

不勉強自己就是八分飽

「放心，種子四處撒落，鳥是吃不完的。」禪師揮了揮手說，「隨意。」

一場瓢潑的大雨整整下了一夜，小和尚在天剛濛濛亮就跑進禪房：「師傅，這下可真完了，好多草籽被雨沖走了。」

「沖到哪兒，就在那兒發芽。」禪師面目安詳地說，「隨緣。」

幾天過去了，原本光禿禿的地面居然探頭探腦地露出一些綠意，甚至一些原來沒有播種的角落也染了綠色。小和尚高興地向禪師報告好消息。

禪師點了點頭，說：「隨喜。」

禪師是悟道高人，一粥一飯足矣，是典型的「兩分飽」。而生活在滾滾紅塵中的俗人，要做到他的隨時、隨性、隨意、隨緣、隨喜境界，多少顯得有些不現實。畢竟，功名的誘惑、家庭的負擔、個人的發展乃至社會的進步，都需要一定的進取、抗爭與改變精神。八分飽的人生哲學並不提倡大家都像禪師的「兩分飽」，只是希望大家在內心浮躁時、在忙得一塌糊塗時，為自己的心靈與身體保留兩分的空間，給自己一點冷靜和從容。

我們很多時候羨慕天空中自由自在飛翔的鳥兒。人其實也該像鳥兒一樣的，歡呼於枝頭，跳躍於林間，與清風嬉戲，與明月相伴，飲山泉，覓草蟲，無拘無束，無羈無絆。

這，才是鳥兒應有的生活，才是人類應有的生活。

該放手時要捨得放手

在印度熱帶叢林裡，人們用一種奇特的狩獵方式捕捉猴子：

在一個固定的小木盒子裡面裝上猴子愛吃的堅果，盒上開個小口，剛好夠猴子的前爪伸進去。猴子總是喜歡滿滿地抓住一把堅果，這樣爪子就抽不出來了。人們常常用這種方式捉到猴子，因為猴子有一種習性：「不肯放下已經到手的東西」。

我們一定會嘲笑猴子很蠢！鬆開爪子不就溜之大吉了嗎？但想想我們自己，看看一些身邊的人，也許你會發現——其實，人也會犯猴子的錯誤。

因為放不下到手的名利、職務、待遇，有的人整天東奔西跑，荒廢了工作也在所不惜；因為放不下誘人的錢財，有的人成天費盡心機，利用各種機會想撈一把，結果卻是作繭自縛；因為放不下對權利的占有欲，有的人熱衷於溜鬚拍馬、行賄受賄，不怕丟掉人格的尊嚴，一旦事件敗露，後悔莫及……

生命如舟，載不動太多的物欲和虛榮。要想使之在抵達理想的彼岸前不在中途擱淺或沉沒，就只能輕載，只取需要的東西，把那些可放下的東西果斷地放掉。

假如你的腦袋像一個塞滿食物的冰箱，你應當盤算什麼東西應該丟出去，否則，永

該放手時要捨得放手

遠不可能有新的東西放進來。不丟出去，有些東西反而還會在裡面慢慢變壞；有些東西，丟了可惜，但放一輩子，也吃不了。所謂的「人生觀」，大概就是如何為自己的「冰箱」決定內容物的去留問題吧！

生活中，每個人都應該學會盤算，學會放棄。盤算之際，有掙扎有猶豫。沒有人能夠為你決定什麼該捨，什麼該留。所謂的豁達，也不過是明白自己能正確地處理去留和取捨的問題。丟掉一個丟掉了之後並不會對你產生多大影響的東西，你會對自己說，你可以做得比現在更好，還怕找不到更好的？

在工作與生活中，我們每個人時刻都在取與捨中選擇，我們又總是渴望取，渴望占有，常常忽略了捨，忽略了占有的反面——放棄。

其實，懂得了放棄的真意，也就理解了「失之東隅，收之桑榆」的妙諦。多一點中庸的思想，靜觀萬物，體會像宇宙一樣博大的胸襟，我們自然會懂得適時地有所放棄，這正是我們獲得內心平衡，獲得快樂的祕方。

在電影《臥虎藏龍》裡李慕白對師妹曾說過這樣一句話：「把手握緊，什麼都沒有，但把手張開就可以擁有一切。」這一取捨的道理誰都知道，可身體力行卻是困難的。其實有時會得到什麼、失去什麼，我們心裡都很清楚，只是覺得每樣東西都有它的好處，權衡利弊，哪樣都捨不得放手。現實生活中並沒有在同一情形下勢均力敵的東西。它們總會有差別，因此，你應該選擇那個對長遠利益更重要的東西。有些東西，你以為這次放棄了，就不再會出現，可當你真的放棄了，你會發現它在日後仍然不斷出現，和當初它來到你身邊時沒有任何不同。所以，那些你在不經意間失去的並不重要的東西，完全可以重新爭取回來。

電子書購買

國家圖書館出版品預行編目資料

勸你低調：一時出風頭又如何？鋒芒畢露只會讓對手更快摸清底細，惦惦吃三碗公才是求生之道！/ 林庭峰，趙華夏編著 . -- 第一版 . -- 臺北市：崧燁文化事業有限公司 , 2022.11
面；　公分
POD 版
ISBN 978-626-332-832-7(平裝)
1.CST: 修身 2.CST: 成功法
192.1　　111016622

勸你低調：一時出風頭又如何？鋒芒畢露只會讓對手更快摸清底細，惦惦吃三碗公才是求生之道！

臉書

編　　著：林庭峰，趙華夏
發 行 人：黃振庭
出 版 者：崧燁文化事業有限公司
發 行 者：崧燁文化事業有限公司
E-mail：sonbookservice@gmail.com
粉 絲 頁：https://www.facebook.com/sonbookss/
網　　址：https://sonbook.net/
地　　址：台北市中正區重慶南路一段六十一號八樓 815 室
Rm. 815, 8F., No.61, Sec. 1, Chongqing S. Rd., Zhongzheng Dist., Taipei City 100, Taiwan
電　　話：(02) 2370-3310　　傳　　真：(02) 2388-1990
印　　刷：京峯彩色印刷有限公司（京峰數位）
律師顧問：廣華律師事務所 張珮琦律師

定　　價：399 元
發行日期：2022 年 11 月第一版
◎本書以 POD 印製